中华文化风采录

至尊的圣地

千秋圣殿奇观

陈 璞 编著

北方妇女儿童出版社
·长春·

图书在版编目(CIP)数据

至尊的圣地 / 陈璞编著. 一长春：北方妇女儿童出版社，2017.5（2022.8重印）

（千秋圣殿奇观）

ISBN 978-7-5585-1061-8

Ⅰ．①至… Ⅱ．①陈… Ⅲ．①寺庙—介绍—中国 Ⅳ．①K928.75

中国版本图书馆CIP数据核字（2017）第103420号

至尊的圣地

ZHIZUN DE SHENGDI

出 版 人	师晓晖
责任编辑	吴　桐
开　　本	700mm×1000mm　1/16
印　　张	6
字　　数	85千字
版　　次	2017年5月第1版
印　　次	2022年8月第3次印刷
印　　刷	永清县晔盛亚胶印有限公司
出　　版	北方妇女儿童出版社
发　　行	北方妇女儿童出版社
地　　址	长春市福祉大路5788号
电　　话	总编办：0431-81629600

定　　价　　36.00元

习近平总书记说："提高国家文化软实力，要努力展示中华文化独特魅力。在5000多年文明发展进程中，中华民族创造了博大精深的灿烂文化，要使中华民族最基本的文化基因与当代文化相适应、与现代社会相协调，以人们喜闻乐见、具有广泛参与性的方式推广开来，把跨越时空、超越国度、富有永恒魅力、具有当代价值的文化精神弘扬起来，把继承传统优秀文化又弘扬时代精神、立足本国又面向世界的当代中国文化创新成果传播出去。"

为此，党和政府十分重视优秀的先进的文化建设，特别是随着经济的腾飞，提出了中华文化伟大复兴的号召。当然，要实现中华文化伟大复兴，首先要站在传统文化前沿，薪火相传，一脉相承，弘扬和发展5000多年来优秀的、光明的、先进的、科学的、文明的和自豪的文化，融合古今中外一切文化精华，构建具有中国特色的现代民族文化，向世界和未来展示中华民族具有独特魅力的文化风采。

中华文化就是中华民族及其祖先所创造的、为中华民族世世代代所继承发展的、具有鲜明民族特色而内涵博大精深的优良传统文化，历史十分悠久，流传非常广泛，在世界上拥有巨大的影响力，是世界上唯一绵延不绝而从没中断的古老文化，并始终充满了生机与活力。

浩浩历史长河，熊熊文明薪火，中华文化源远流长，滚滚黄河、滔滔长江是最直接的源头，这两大文化浪涛经过千百年冲刷洗礼和不断交流、融合以及沉淀，最终形成了求同存异、兼收并蓄的辉煌灿烂的中华文明。

中华文化曾是东方文化的摇篮，也是推动整个世界始终发展的动力。早在500年前，中华文化催生了欧洲文艺复兴运动和地理大发现。在200年前，中华文化推动了欧洲启蒙运动和现代思想。中国四大发明先后传到西方，对于促进西方工业社会形成和发展曾起到了重要作用。中国文化最具博大性和包容性，所以世界各国都已经掀起中国文化热。

中华文化的力量，已经深深熔铸到我们的生命力、创造力和凝聚力中，是我们民族的基因。中华民族的精神，也已深深根植于绵延数千年的优秀文化传统之中，是我们的精神家园。但是，当我们为中华文化而自豪时，也要正视其在近代衰微的历史。相对于5000年的灿烂文化来说，这仅仅是短暂的低潮，是喷薄前的力量积聚。

中国文化博大精深，是中华各族人民5000多年来创造、传承下来的物质文明和精神文明的总和，其内容包罗万象，浩若星汉，具有很强的文化纵深感，蕴含丰富的宝藏。传承和弘扬优秀民族文化传统，保护民族文化遗产，已经受到社会各界重视。这不但对中华民族复兴大业具有深远意义，而且对人类文化多样性保护也有重要贡献。

特别是我国经过伟大的改革开放，已经开始崛起与复兴。但文化是立国之根，大国崛起最终体现在文化的繁荣发展上。特别是当今我国走大国和平崛起之路的过程，必然也是我国文化实现伟大复兴的过程。随着中国文化的软实力增强，能够有力加快我们融入世界的步伐，推动我们为人类进步做出更大贡献。

为此，在有关部门和专家指导下，我们搜集、整理了大量古今资料和最新研究成果，特别编撰了本套图书。主要包括传统建筑艺术、千秋圣殿奇观、历来古景风采、古老历史遗产、昔日瑰宝工艺、绝美自然风景、丰富民俗文化、美好生活品质、国粹书画魅力、浩瀚经典宝库等，充分显示了中华民族厚重的文化底蕴和强大的民族凝聚力，具有极强的系统性、广博性和规模性。

本套图书全景展现，包罗万象；故事讲述，语言通俗；图文并茂，形象直观；古风古雅，格调温馨，具有很强的可读性、欣赏性和知识性，能够让广大读者全面触摸和感受中国文化的内涵与魅力，增强民族自尊心和文化自豪感，并能很好地继承和弘扬中国文化，创造未来中国特色的先进民族文化，引领中华民族走向伟大复兴，在未来世界的舞台上，在中华复兴的绚丽之梦里，展现出龙飞凤舞的独特魅力。

祠庙典范——曲阜孔庙

秦淮名胜——南京夫子庙

亚圣府庙——孟庙孟府

曲阜孔庙

曲阜孔庙也叫至圣庙，是我国古代封建王朝祭祀孔子的礼制庙宇，在封建王朝时期，享有非常崇高的地位。

孔庙设计布局独特，古迹名胜众多，彰显了我国古代劳动人民的高度智慧和创造才能，在我国古代建筑史上占有重要地位，是我国的三大古建筑群之一。

同时，曲阜孔庙也是一组具有东方建筑特色、规模宏大、气势雄伟的古代建筑群，规模仅次于故宫建筑群，堪称我国古代大型祠庙建筑的典范。

圣人旧居的发展和演变

　　孔子，名孔丘，字仲尼，公元前551年生于鲁国陬邑，即山东曲阜。鲁国是周公儿子伯禽的封地，素有礼乐之邦之称。到孔子出生时，礼乐仍保持完好。

孔子讲学塑像

鲁国根深蒂固的礼乐传统对孔子有深刻的影响。孔子晚年致力于教育，整理《诗》《书》等古代典籍，删修《春秋》。公元前479年，孔子去世，被葬在鲁城北的泗水岸边。

孔子去世的第二年，鲁哀公为了表示对孔子的尊崇之意，就将孔子生前所居住的堂室封为"寿堂"，又将孔夫子平生的衣冠、琴、车、书等保存在寿堂中。

据《孔氏祖庭广记》第二卷记载："鲁哀公十七年立庙于旧宅，守陵庙百户。"

孔子的旧宅也称故宅门，里面有御赞碑亭一间，据说是孔子生前所居之堂的位置。

作为最初祭祀孔子的地方，孔庙里到处可见后来的历代皇帝、文人墨客以及达官贵人的踪迹。通过这些名人踪迹，可以反映出孔子这位至圣先师在人们心目中的地位。

公元前195年的冬天，汉高祖刘邦来阙里孔庙，并"以太牢祀孔子"，同时封孔子九代孙孔腾为"奉祀君"，这是帝王祭祀孔子的开始。

礼乐 是我国古代文明的重要组成部分。早在夏商周时期，古代先贤就通过制礼作乐，形成了一套颇为完善的礼乐制度，并推广为道德伦理上的礼乐教化，用以维护社会秩序上的人伦和谐，在数千年的中华文明发展史上产生了深远的影响。

■ 曲阜孔庙圣府

从哀公立庙到汉武帝"罢黜百家，独尊儒术"的300多年里，是我国思想发展史上的一个特殊时期，社会形态经过了从奴隶制向封建制的过渡，与奴隶制相适应的思想理论更替为与封建制相适应的儒学思想理论。

在这一重大转变的过程中，历经了战国时期的诸子百家争鸣、秦始皇焚书坑儒、汉初霸王道杂之等一系列的思想运动。

儒家思想在孔子基本思想的基础上经过曾子、子思、孟子及汉初儒生的进一步改造和发展，在政治上适应了当时大一统社会的思想需要。

特别是董仲舒将儒家思想与神学的有机结合，并创立了以儒家思想为基本内容的神学目的论之后，儒学第一次在理论上论证了封建中央集权的合理性和必要性。

儒家的这一思想正好迎合了汉武帝的统治需要，

故而被推上了独尊的地位，孔子作为儒家思想的奠基人也就理所当然地被推上了圣人的地位。随着孔子的地位升高，祭祀孔子的庙宇也就越来越受到当朝皇室的重视。

到唐初，曲阜孔庙已经颇具规模。公元960年，宋太祖"谒孔子庙，诏增修祠宇，绘先圣先贤先儒像，释奠用永安之乐"。"公元962年诏祭孔子庙，用一品礼，立十六戟于庙门"。

1008年，宋真宗：

赐孔子庙经史，又赐太宗御制御书一百五十卷，藏于庙中书楼。

二年春二月，诏立孔子庙学舍。三月颁孔子庙桓圭一，加冕九旒，服九章，从上公制。

夏五月，诏追封孔子弟子，秋七月加左丘明等十九人封爵。

1010年，颁释奠仪注及祭器图，建庙学。

董仲舒（前179年－前104年），西汉思想家，儒学家，他把儒家的伦理思想概括为"三纲五常"，汉武帝采纳了董仲舒的建议，从此儒学开始成为官方哲学，并一直延续。其教育思想和"大一统""天人感应"理论，为后世封建统治者提供了统治的理论基础，著作汇集于《春秋繁露》一书。

■ 曲阜孔庙太和元气石牌坊

金朝从1142年至1195年，修孔庙8次，元朝修孔庙13次，明朝23次，其中因1499年突发大火，孔庙遭受重大火灾，烧毁殿庑各房123间。浙江道监察御史余廉奏请修孔子庙，历时4年功成，初步形成规模。

万仞宫墙原名为仰圣门，是明朝时曲阜城的正南门。1512年，明武宗下令建城卫庙，并"移城卫庙"，开始建设曲阜砖城，历时10年，在明嘉靖年间完成了以孔庙为中心的政治、经济、文化、军事功能齐全的曲阜县治的建设，使曲阜庙城的功能发生了具有历史意义的社会变迁。

于是，以孔庙、孔府为中心修筑了明曲阜城墙，并在与孔庙正南门相对处设立城正南门，与孔庙对应，相映成趣。

后来，清代的乾隆皇帝到曲阜来拜祭孔子，为了显示他对孔子的敬仰，就亲笔书写了"万仞宫墙"

御史 是我国古代的一种官名。先秦时期，天子、诸侯、大夫、邑宰皆置，是负责记录的史官、秘书官。国君置御史，自秦朝开始，御史专门为监察性质的官职，一直延续到清朝。

4个字镶于城门之上。

金声玉振是孔庙门前的第一座石坊，这里的"金声玉振"的4字还是有来历的呢。据说，孟子对孔子有过这样的评价：

孔子之谓集大成；集大成也者，金声而玉振之也。金声也者，始条理也；玉振之也者，终条理也。

金声玉振表示奏乐的全过程，击钟则表示金声开始，击磬则表示玉振告终。因此，孟子此语是以此象征孔子的思想集古圣先贤之大成，赞颂孔子对文化的巨大贡献。后来，人们就把孔庙门前的第一座石坊命名为"金声玉振"。

■ 曲阜孔庙的金声玉振石牌坊

■ 山东曲阜孔庙下马碑

金声玉振坊石刻，有四楹，石鼓夹抱，四根八角石柱顶上饰有莲花宝座，宝座上各蹲踞一个雕刻古朴的独角怪兽"辟天邪"，俗称"朝天吼"。

两侧坊额浅雕云龙戏珠，明间坊额填色4个大字"金声玉振"，笔力雄劲，是明朝时期著名的书法家胡缵宗题写的。

坊后是一座单孔石拱桥，桥面是二龙戏珠的石阶，桥下清流呈半圆绕过，这就是泮水，可惜泮水被石块封盖，只有泮桥独存了。

桥后东西各有一通石碑，立于金明昌二年。石碑上刻有"官员人等至此下马"，因此，人称"下马碑"。过去文武官员、庶民百姓从此路过，必须下马下轿，以示尊敬。就连皇帝祭祀孔子也要下马而进，由此可见孔庙的地位。

棂星门是孔庙的第一道大门，棂星，即灵星，又名天田星，古人认为它是"主得士之庆"。古代祭天，先要祭祀灵星。孔庙设门名灵星，是说尊孔如同尊天。

棂星门为木质门，到了后来的清代，孔子的第七十一代衍圣公孔昭焕将其改为石质。棂星门在泮水桥后，四楹三间。四根圆石柱中缀有祥云，顶上雕怒目端坐的天将。

额枋 又称檐枋。额是匾额，枋是两柱之间起联系作用的横木，断面一般为矩形。有些额枋是上下两层重叠的，在上的称为大额枋，在下的称为小额枋。大额枋和小额枋之间夹垫板，称为由额垫板。额枋上置平板枋。

棂星门的额枋上雕有火焰宝珠，额枋由上下两层石板组成，下层刻有后来乾隆皇帝手书的"棂星门"3个大字，上层刻绦环花纹。

棂星门后有一坊，为至圣庙坊，上有题刻篆字，为"宣圣庙"3字。后来改为至圣庙坊，为汉白玉石刻制，三间四柱，柱饰祥云，额枋上饰火焰宝珠。

后人为了赞颂孔子思想对我国社会所产生的深远影响，就使用了"德侔天地""道冠古今"8个字，意为孔子的主张是最好的。

因此，在孔庙第一进院落左右两侧，修建了两座对称的木质牌坊，东题"德侔天地"，西题"道贯古今"，为孔庙的第一道偏门。

两坊具有明显的明代建筑风格，建筑为三间四柱五楼，黄色琉璃瓦，如意斗拱，明间13踩，稍间9踩，中夹小屋顶5踩。坊下各饰有8只石雕怪兽。居中

篆体 狭义上是大篆、小篆的统称，也称篆书。大篆广义上指甲骨文、金文、籀文、六国文字，它们保存着古代象形文字的明显特点。小篆也称"秦篆"，是秦国的通用文字，大篆的简化字体，其特点是形体匀称齐整、字体较籀文容易书写。在汉文字发展史上，它是大篆由隶、楷之间的过渡。

■ 曲阜孔庙棂星门

歇山顶 将悬山顶与庑殿顶相互融合而成的屋顶，屋顶的上面是悬山顶，下面是庑殿顶，因此而形成了四坡九脊的造型，这九条脊分别为一条正脊，四条垂脊，四条角与垂脊之间的戗脊。也就是说，四面都是斜坡的屋面，在上部折叠成垂直的三角形墙面。由一条正脊、四条垂脊，四条戗脊组成，所以也叫作九脊顶。

■ 孔庙内明代石碑

的4只天禄，披麟甩尾，颈长爪利。两旁的4个辟邪，怒目扭颈，形象怪异。

圣时门的名称是由后来的清代皇帝命名的，据《孟子》记载：

伯夷，圣之清者也；伊尹，圣之任者也；柳下惠，圣之和者也；孔子，圣之时者也。

意思是说，在圣人之中孔子是最适合时代的，所以雍正皇帝钦定孔庙正门名为"圣时门"。

圣时门在始建时为3间，后来扩建为5间，中设拱门3券，碧瓦歇山顶，四周是深红的墙皮，券内是杏黄的墙里，前后石阶上各有石刻龙陛。由拱门内望，有深邃莫测之感。

一过圣时门，便豁然洞开，偌大一个庭院，只见古柏森森，绿荫匝地，芳草如茵。迎面三架拱桥纵跨，一水横穿，碧波涣涣，荷叶田田，环水雕刻有玲珑的石栏。水"壅绕如璧"，故名"璧水"，桥因而得名，称"璧水桥"。

桥南有东西二门，甬道相连，东匾"快睹门"，取自李渤"如景星凤凰，争先睹之"语，即先睹为快之意。西匾"仰高门"取自《论语》中的"仰之弥高"语，赞颂孔子学问十分高深。

这是孔庙的第二道偏门，过去只有皇帝祭祀才可走正门，一般人只从仰高门进庙。

璧水桥北面有一门，名为"弘道门"。门修建很早，而弘道门之名始于清代，取《论语》中"人能弘道"之意，用来赞颂孔子阐发了尧舜禹汤和文武周公之道。

弘道门门下有元碑两通，东碑为"曲阜县历代沿革志"，记载了曲阜的变迁沿革，史料价值很高。西碑为"处士王处先生墓表"颇有书法价值，是后来移入孔庙保管的。

大中门原名"中和门"，"中和"意为用孔子的思想处理问题都可迎刃而解。明代扩建庙时改称"大中门"，以赞孔子的学问是集人类知识之大成，"中"取中庸之意，"中者天下之正道，庸者天下之定理"，中不偏，庸不倚。

大中门较弘道门长且狭窄，共五间，大中门左右两旁各有绿瓦拐角楼一座，是为了使孔庙像皇宫一样威严而建的。角楼有3间，平面做曲尺形，立在正方形的高台之上，台的内侧有马道可以上下。

此两角楼瓦庙东北、西北两角楼构成一个巨大的

■ 曲阜孔庙弘道门

中庸 儒家道德标准，待人接物不偏不倚，调和折中。出自《论语·雍也》："中庸之为德也，其至矣乎！""庸，常也，中和可常行之道。"《中庸》原是《小戴礼记》中的一篇。作者为孔子后裔子嗣子思，后经秦代学者修改整理。

至尊的圣地

■ 曲阜孔庙同文门

斗拱 亦作"枓栱"，我国建筑特有的一种结构。在立柱和横梁交接处，从柱顶上的一层层探出成弓形的承重结构叫拱，拱与拱之间垫的方形木块叫斗。两者合称斗拱。也作枓栱、枓栱。由斗、拱、翘、昂、升组成。斗拱是我国建筑学会的会徽。

长方形，以供守卫之用。

过大中门，即进入孔庙第四进庭院。院落疏阔，古树葱郁，禽鸟翔集；夏天鹳飞鹤舞，白鹭翩翩，冬春鹊鸣雀喧，昏鸦噪晚，显得十分幽深。

入大中门，迎面即为"同文门"。同文门有5间，两侧有回廊。同文门原名"参同门"，取孔子之德与天地参同之意。

因孔子一生从事教育活动，晚年从事整理我国古代文献工作，对我国文化的统一作出了重大贡献，故以"同文"命名。

门屋黄瓦歇山顶，斗拱布局疏朗。大门为以前我国传统的宫殿式建筑，在主体建筑之前常有小型建筑作为屏障，以表示庄严，同文门就担当着奎文阁的屏障作用。"同文门"3字为后来的清代乾隆皇帝亲手书写。

过了同文门，院北端一座高阁拔地而起，顶檐下群龙护绕的一块木匾上大书"奎文阁"3字，它就是以藏书丰富、建筑独特而驰名中外的孔庙藏书楼。

奎文阁始名为藏书楼，奎文阁中的"奎"是星名，二十八宿之一，是西方白虎之首，有星16颗，"屈曲相钩，似文字之画"，所以《孝经》称"奎主文章"，后人进而把奎星演化为文官首。后代封建帝王为赞颂孔子，遂将孔庙藏书楼命名为奎文阁。

奎文阁结构合理，坚固异常，经受了几百年风风雨雨的侵袭和多次地震的摇撼，仍然无恙，岿然屹立。阁西碑亭中记载康熙年间地震的石碑，就是奎文阁坚固的旁证。

阁前廊下石碑两通，东为《奎文阁赋》，是明代著名诗人李东阳撰文，著名书法家乔宗书写。西为《奎文阁重置书籍记》，记载着明代皇帝命礼部重修

白虎 道教西方七宿星君四象之一，根据五行学说，它是代表西方的灵兽，因西方属金，色白，所以被称为白虎，代表的季节是秋季。白虎还象征着威武和军队，所以古代很多以白虎冠名的地方基本上都与军事有关系。

曲阜孔庙

■ 曲阜孔庙奎文阁

至尊的圣地

■ 孔庙十三碑亭

赐书的情况。

奎文阁前有两座御碑亭，亭内外共有4通御碑。每通高6米多，宽2米多，碑下刻作龟形的碑座高1米多。碑额精雕盘龙，绕日盘旋栩栩如生，碑文内容以尊崇孔子为主。

东南的"重修孔子庙碑"为明宪宗朱见深所立，俗称"成化碑"。碑文中极力推崇孔子的思想，其中有"朕惟孔子之道，天下一日不可无焉"之句。字为楷书，书体端庄，结构严谨，以精湛的书法著称于世。

院的东西两侧各有一所独立的院落，名为"斋宿"，在祭祀孔子之前，祭祀人员要在此斋戒沐浴。东院是衍圣公的斋宿所，相传清代的康熙和乾隆皇帝在祭祀孔子之前曾在此沐浴。后来，东院被开辟成孔

■ 孔庙碑亭

子生平事迹展览。

　　西院是从祭祀官员的斋宿所，清代中期被废弃。清道光年间，孔子第七十一代孙孔昭薰将孔庙内的宋、金、元、明、清五代文人谒庙碑130余通集中镶嵌在院墙上，改称"碑院"。

　　这里的碑碣或流畅奔放，飘逸自如，或丰润温雅，神采飞动，或端庄典雅，质朴古拙，蔚然大观。

　　过奎文阁为孔庙的第六进庭院，院落狭长，里面罗列矗立着13座碑亭，两行排列，斗拱飞翘，檐牙高啄，黄瓦耀金，鳞次栉比。

　　这13座碑亭是专为保存封建皇帝御制石碑而建造的，习称"御碑亭"。亭内存碑57通，分别是唐、宋、金、元、明、清及民国七代所刻。碑文多是皇帝

祭祀　是华夏礼典的一部分，更是儒教礼仪中最重要的部分，礼有五经，莫重于祭，是以事神致福。祭祀对象分为三类：天神、地祇、人鬼。天神称祀，地祇称祭，宗庙称享。祭祀的法则详细记载于儒教圣经《周礼》《礼记》中，并有《礼记正义》《大学衍义补》等书进行解释。

至尊的圣地

■ **龟趺** 貌似龟而好负重，有齿，力大。其背亦负以重物，在多为石碑、石柱之底台及墙头装饰，属灵禽祥兽。其原型可能为斑鳖。传说龟趺上古时代常驮着三山五岳，在江河湖海里兴风作浪。后来大禹治水时收服了它，它服从大禹的指挥，推山挖沟，疏通河道，为治水作出了贡献。洪水治服了，大禹担心龟趺又到处撒野，便搬来顶天立地的巨大石碑，上面刻上龟趺治水的功迹，令龟趺驮着，沉重的石碑压得它不能随便行走。

对孔子追谥加封拜庙亲祭、派官致祭和整修庙宇的记录，由汉文、满文等多种文字刻写。

道北五座碑亭建于后来的清代康熙、雍正、乾隆年间，道南的8座亭中，4座为金、元建筑，东起第三、六座为金代所建，第四、五座为元代所建，其余4座为清代所建。2座正方形的金代碑亭，斗拱豪放，布置疏朗，是孔庙最早的建筑。

各亭石碑多以似龟非龟的动物为龟趺，名为"赑屃"，据说是它是龙的儿子。传说龙生九子，各有所能，赑屃擅长负重，故用以驮碑。

碑亭中最早的是两通唐碑，一是立于唐高宗总章年间的"大唐赠泰师鲁先圣孔宣尼碑"；一是立于唐玄宗时期的"鲁孔夫子庙碑"，两通石碑都位于南排东起第六座金代碑亭中。

在孔庙内的1372通碑刻中，如果按重量来说的话，最重的一通碑应数清代的康熙御制碑，康熙御制碑位于大成门东第一亭内。通碑碑身重35吨，连赑屃、水盘共65吨重。

此院的东南、西南部，各有一片丛林似的碑碣。北墙朱栏内还镶着大量刻石，均为历代帝王大臣们修庙、谒庙、祭庙后所刻。如从书法艺术上来看，真草隶篆，各有千秋。

碑亭院两侧，东建有毓粹门，西建有观德门，供人出入，人们依照皇宫之名，称为东、西华门，这也是孔庙的第三道偏门。

碑亭北，有五门并列居中的一座门，名为"大成门"，它是孔庙第七道大门。

碑碣 古人把长方形的刻石叫"碑"。把圆首形的或形在方圆之间，上小下大的刻石，叫"碣"。秦始皇刻石纪功，大开树立碑碣的风气。东汉以来，碑碣渐多，有碑颂、碑记，又有墓碑，用以纪事颂德，碑的形制也有了一定的格式，后世碑碣名称往往混用。

■ 曲阜孔庙璧水桥

彩绘 在我国自古有之，被称为丹青。常用于我国传统建筑上绘制的装饰画上。我国建筑彩绘的运用和发明可以追溯到2000多年前的春秋时代。它自隋唐期间开始大范围运用，到了清朝进入鼎盛时期，清朝的建筑物大部分都覆盖了精美复杂的彩绘。

■ 曲阜孔庙手植桧树

大成门初建之时名为仪门，"大成"是孟子对孔子的评价。他说"孔子之谓集大成"，赞颂孔子达到了集古圣先贤之大成的至高境界。后来因建造了大成殿而得名大成门。

原门3间，重建之后改用黄瓦、彩绘斗拱，前后各用四根石柱擎檐，前后中央四根深雕云龙蟠柱，其余四根为浅雕花纹，前后台阶中有浮雕龙陛，均为明代中期的雕刻。

大成门可以将孔庙分成3路，东为承圣门，院内为奉祀孔子上五代祖先的地方。西为启圣门，内奉祀孔子父母。中路3门并立，东西各有掖门，东为金声门，西为玉振门，中路为祭祀孔子夫妇及历代先贤先儒的地方。

大成门里东侧有一石栏，栏内有一棵桧树，相传为孔子亲手所植，故名"先师手植桧"。

这颗桧树最早的记载见于唐人封演所著的《封氏闻见记》，书中写道：

兖州曲阜文宣王庙内并殿西、南，各有柏叶松身之树，各高五六丈，枯槁已久，相传夫子手植，永嘉三年其树枯死。

据说，手植桧树原本有3棵，在公元309年晋怀帝永嘉年间枯死，在隋朝大业年间复生，唐代又枯，宋康定年间再生，在后来金贞祐年间毁于兵火。到此，相传原孔子手植的桧树绝迹。

1294年，三氏学堂的教授张闿将原东庑废墟上发出的桧树苗移栽到这里，才得以存有第四代手植桧。后来屡次遭遇大火，只剩下了约有半米高的树桩。

院内石栏内保留的是第四代树的树根，上面高耸的桧树是清代雍正年间复生的再生桧。因此，如果算孔子亲植，那么正好是第五代树。

手植桧树高大劲拨，围有两人合抱，枝冠似伞，树身似铜，高达20多米，树头向南倾斜。清代复生的手植桧树的形状，竟和明代万历年间的圣迹图石刻上原手植桧的形状几乎完全一致。有人认为这与地理位置有关系，也有人说这是孔子庇佑这方土地。

先师手植树历来都受到当权者的重视，自古就有"此桧日茂则孔氏日兴"的说法。因此，人们经常将它和孔氏子孙的命运联系在一起。

宋代诗人米芾还曾将手植桧与帝王王朝的命运联

■ 孔宅故井

019
祠庙典范

曲阜孔庙

浮雕 是雕塑与绘画相互结合的产物，采用压缩的方法来对对象进行处理，展现三维空间，并且可以一面或者是两面进行观看。浮雕一般是附着在另一个平面上，所占空间小，所以经常用来装饰环境。浮雕的主要材料有石头、木头、象牙和金属等。

曲阜孔庙凤柏

系在一起，有诗为证：

矫龙怪，挺雄姿。

二千年，敌金石。

纠治乱，如一昔。

树东立有一碑"先师手植桧"，字体酣畅，浑厚有力，是明代杨光训手书。

阅读链接

据记载，曲阜孔庙康熙御制碑的石料采自于北京的西山，当时从北京将碑刻好，然后沿京杭大运河从通州运往济宁，中间用了两个多月的时间。

然后又从济宁运往曲阜，济宁至曲阜有45千米之远，征用了民工600多人，耕牛400多头，趁冬季寒冷，地上泼水结冰，碑从冰上滑行。

据文献上讲每天走卧牛之地，这样45千米路运了整整15个昼夜，耗费库银600两，不可不说对这次运载的重视程度之大。

杏林及孔庙的进一步完善

　　宋真宗时，又"命孔道辅修孔子庙"，修建了杏坛，杏坛是纪念孔子讲学的地方，最早的记载见于《庄子·渔父篇》：

　　　　孔子游乎缁帷之林，坐休乎杏坛之上，弟子读书，孔子
　　弦歌鼓琴。

孔庙圣迹殿

■ 孔庙杏坛

重檐 在基本型屋顶重叠下檐而形成，用于扩大屋顶和屋身的体重，增添屋顶的高度和层次，增强屋顶的雄伟感和庄严感，调节屋顶和屋身的比例。因此，重檐主要用于高级的庑殿、歇山和追求高耸效果的攒尖顶，形成重檐庑殿、重檐歇山和重檐攒尖三大类别。

至于先前的杏坛位于何方，已经无法考证了。后来，孔子第四十五代孙孔道辅监修孔庙，就将正殿扩建，位置后移，并在旧址的基础上"除地为坛，环植以杏"，即筑一个土台，周围植杏树，名为杏坛。

杏坛内有石碑两通，背东面西一碑为金承安年间文人党怀英的篆书"杏坛"2字，由孔子第五十一代孙孔元措立石于亭内的，面南一碑碑阴刻有乾隆皇帝的《杏坛赞》，写道：

重来又值灿开时，几树东风簇绛枝，
岂是人间凡卉比，文明终古共春熙。

杏坛的建筑结构较为别致，四面悬山，十字结脊，巨角重檐，黄瓦朱栏，雕梁画栋，精美华丽，从四面观看，其形状一致，具有十分独特的建筑特点，在当时十分罕见。

亭周围有方正石栏，亭前水波花纹石雕香炉，相传是在金代建造的。

从杏坛北望，在双层石栏的台基上一座金黄色的大殿突兀凌空，双重飞檐中海蓝色的竖匾上木刻贴金的群龙紧紧围护着3个金色大字"大成殿"。字径一米，是后来清代的雍正皇帝亲手书写的。

大成殿是孔庙的主体建筑，是祭祀孔子的中心场所。后来据《孟子》"孔子之谓集大成"的语意，取名为"大成"。以赞颂孔子思想空前绝后，完美无缺，集古圣贤之大成。

大成殿始建于1018年。后来，人们看到的大成殿是清雍正时期失火后重建的。大成殿阔9间，深5间，主殿高约25米、阔约46米、深约25米，重檐九脊，黄瓦飞甍，斗拱交错、雕梁画栋。

大成殿四周建有回廊，顶端檐吻足有一人之高，

集大成　集中某类事物的各个方面，达到相当完备的程度。集：聚在一起。大成：原是孟子专对孔子的赞誉，后世君主皆以"大成至圣先师""大成至圣文宣王"命名孔子尊号。在当时除孔子外，其他人物不宜冠以"大成"之号。

023

祠庙典范

曲阜孔庙

■ 曲阜孔庙大成殿

至尊的圣地

■ 曲阜孔庙大成殿

前檐下为10根透雕水磨大石柱，柱高6米，直径0.8米，每柱两龙对翔，盘绕升腾，中刻宝珠，四绕云焰，下饰莲花石座。

从底到上全部雕刻深邃，云龙腾起如飞，神态各异，远而望之，祥云之中蛟龙盘旋飞舞，令人惊讶万分。

大成殿两侧回廊和后面回廊下的18根石柱为八棱八面柱，上有浅雕云龙戏珠，每一面为九龙戏珠，每根柱上就有72条龙。

殿下有双层台基，前有高2米的大露台，东西宽约45米，南北约35米，南有两层大型浮雕龙陛，四周围以双层石栏，石栏下东西南三面共突出24个石雕螭首，双层石栏设计规整古雅，大露台是祭祀孔子时舞蹈奏乐的地方。

整个大成殿气势雄伟，结构整齐，规模宏大，突

透雕 一种雕塑形式。在浮雕的基础上，镂空其背景部分，大体有两种，一是在浮雕的基础上镂空其背景部分，二是介于圆雕和浮雕之间的一种雕塑形式，也称凹雕，镂空雕，或者浮雕。

兀凌空，金箔贴裹，群龙竞飞，具有明显的东方建筑特色。大殿内有9座大型神龛，17座塑像。中间一座是孔子，孔子像坐高3.4米，头戴冠冕，身穿王服，手捧镇圭。

从塑像上孔子的着装可以看出孔子的身份，唐玄宗时期追谥孔子为"文宣王"，着王者之服，但此王并不确切，因为王有君王和侯王区分，有人认为应属君王之王，也有人认为应属侯王之王。

宋真宗时期，又"加冕九族，服九章，从上公制"。因此看来，宋以前"文宣王"之王应属侯王之王，以后随着孔子地位进一步升高而被确认为君王之王。所以孔子身着的服装是西周的王服，也就是天子之制。

孔子塑像两侧神龛内为四配，东位面西的是复圣颜回和述圣孔伋，西位面东的是宗圣曾参和亚圣孟

九族 泛指亲属。一说九族是指上自高祖、下至玄孙，即玄孙、曾孙、仍孙、子、身、父、祖父、曾祖父和高祖父九族；一说是父族四、母族三、妻族二。父族四是指姑姑的子女、外甥、外孙、同族的父母、兄弟、姐妹和儿女；母族三是指外祖父、外祖母和娘舅；妻族二是指岳父和岳母。

■ 孔庙大成殿龙柱

至尊的圣地

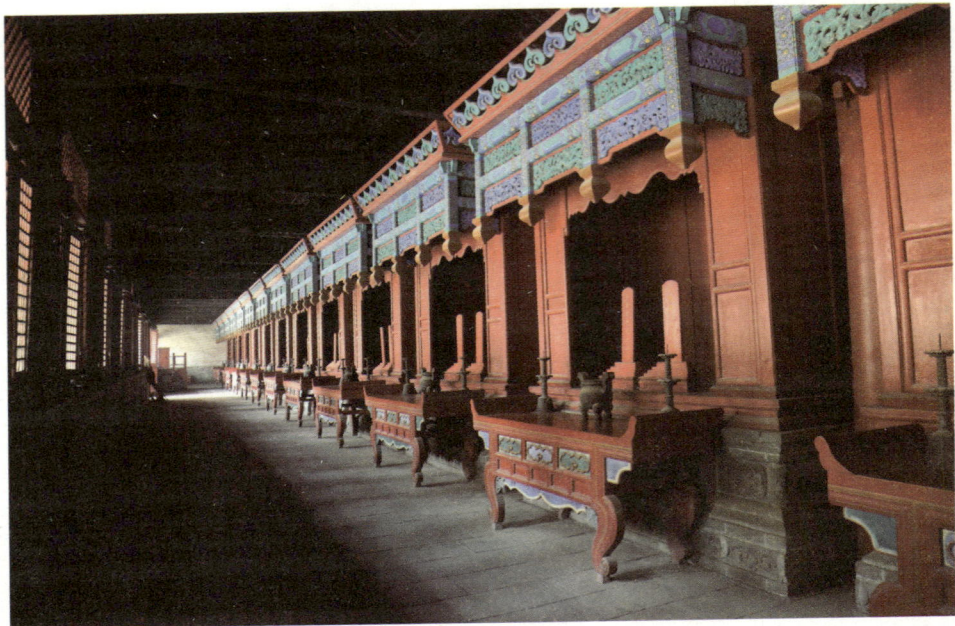
■ 历代先贤牌位

轲。四配塑像坐高2.6米，身穿公服，手执躬圭，为古代的上公礼制，其后还有"十二哲"塑像。

大成殿内除17座塑像外，还有10方巨匾，都是后来帝王前来拜祭时题写的。

殿内正中的一块是康熙皇帝手书的"万世师表"和光绪皇帝的"斯文在兹"匾额，两侧是咸丰和道光皇帝的题匾，南面是乾隆皇帝的"时中立极"等，门外正中的"生民未有"匾则是雍正皇帝的手书。

大成殿东西两侧的房子叫"两庑"，是后世供奉先贤先儒的地方。

两庑里面配享的贤儒有董仲舒、韩愈、王阳明等。在唐朝仅有20余人，经过历代增添更换，到后来达到156人。

这些配享的人物原先都是画像，到金代改为塑像。明成化年间一律改为写有名字的木制牌位，供奉在一座座的神龛之中，还在两庑中陈列了许多历代的石刻。

"老桧曾沾周雨露，断碑犹是汉文章"，在东庑中保存着40多块汉、魏、隋、唐、宋、元时期的碑刻，最为珍贵的是"汉魏北朝石刻"，共22块。

西汉石刻首推"五凤"，东汉石刻以《礼器碑》《乙瑛碑》《孔宙碑》《史晨碑》为隶书珍品，北朝以《张猛龙碑》为魏体的楷模。

西庑内陈列的100多块汉画像石刻，也是久负盛名的艺术珍品。这些石刻，内容丰富，既有神话传说的"四象"，即青龙、白虎、朱雀、玄武，又有反映当时社会生活的捕捞、歌舞、杂技、行医、狩猎等，是研究我国汉代社会生活的珍贵资料。石刻的技法，有的细致精巧，有的粗犷奔放，各具风格。

两庑北部陈列有584块玉虹楼法帖，玉虹楼法帖是孔子第68代孙、衍圣公孔传铎的第五子孔继涑整理刻制而成的。

孔继涑是当时刑部尚书著名书法家张照的女婿，曾求学于张照，一生从事书法艺术的研究，名重当时，与梁同书齐名，并称为"南梁北孔"。

玉虹楼是孔继涑的书房号，所以他整理摹刻的法帖称为"玉虹楼法帖"。

玄武 是一种由龟和蛇组合成的一种灵物。其本义是玄冥，武、冥古音是相通的。玄，是黑的意思；冥，就是阴的意思。玄冥起初是对龟卜的形容；龟背是黑色的，龟卜就是请龟到冥间去谘问祖先，将答案带回来，以卜兆的形式显给世人。因此，最早的玄武就是乌龟。

■ 圣先师夫人神位

■ 曲阜孔庙天禄雕塑

玉虹楼石刻共584块，拓印装裱成101册，故又称"百一帖"。整个玉虹楼法帖雕刻精益求精，是我国珍贵的书法珍品，具有很高的鉴赏和研究价值。

大成殿之后是寝殿。寝殿，是祭祀孔子夫人的地方。孔子夫人是春秋末期宋国人，复姓亓官，她19岁时嫁给孔子，先孔子7年去世。

关于亓官氏的情况典籍中记载很少，宋大中年间，真宗赵恒追封孔子夫人为"郓国夫人"，元代加封孔子夫人为"大成至圣文宣王夫人"，明嘉靖八年孔子改称为"至圣先师"，孔子夫人也被改称为"至圣先师夫人"。

当初鲁哀公立庙的时候，亓官氏就同孔子一起被祭祀。唐代开始有寝殿专祠，早期曾有过亓官氏的塑像，后改为画像。清雍正年间火灾后重建时，改为木制牌位，上写"至圣先师夫人神位"，上罩木刻神龛，龛前设有供桌。

寝殿的建筑年代与大成殿相同。周围石柱上的雕刻图案是凤凰牡丹。

1544年，山东巡抚曾铣建太和元气坊，太和元气坊位于棂星门之后，形制与金声玉振坊相同，坊额题字是曾铣的手书，所属的内容是赞颂孔子思想如同天

法帖 是我国书法艺术载体之一。在纸张发明之前，古人大都将文字书写在竹或木制成的薄而细长的片上，称简牍或简书，或者书写在丝织品上，称为帖。造纸发明以后，凡书写在纸或丝织品上的、篇幅较小的文字均称之为帖。

地生育万物一样。

1592年，巡按御史何出光主持修建圣迹殿，圣迹殿位于寝殿之后，独成一院，是孔庙的第九进庭院。圣迹殿是以保存记载孔子一生事迹的石刻连环画圣迹图而得名的大殿。

圣迹殿原有反映孔子事迹的木刻图画，他建议改为石刻，由杨芝作画、刻石，并嵌在殿内壁上，共120幅，被称为"圣迹图"。

圣迹图每幅约宽0.38米，长0.6米，其所表现的圣迹从颜母祷于尼山生孔子，到孔子死后子弟庐墓为止，并附有汉高祖刘邦、宋真宗赵恒以太牢祀孔子的两幅图画。

其中，有人们最为熟知的"宋人伐木"和"苛政猛于虎"等孔子一生的主要活动和言论，是我国第一本有完整人物故事的连环画，具有很高的历史价值和

巡按 古代官名。唐玄宗李隆基派官巡按天下风俗黜陟官吏，巡按之名始此。明代后以一省为一道，并派监察御史分赴各道巡视，考察吏治，称巡按御史，又称按台。巡按御史品级虽低，但号称代天子巡狩，各省及府、州、县行政长官皆其考察对象，大事奏请皇帝裁决，小事即时处理，事权颇重。

祠庙典范

曲阜孔庙

■ 孔庙圣迹殿

艺术价值。

圣迹殿内，迎面是后来清康熙皇帝手书的"万世师表"石刻。字下正中为唐代大画家吴道子画的"孔子为鲁司寇像"，左边是晋代名画家顾恺之画的"先圣画像"，俗称"夫子小影"。

据说"小影"在孔子像中最真，最接近孔子原貌，后来孔子的第四十八代孙孔端友在宋绍圣年间摹勒在上三石上。

右边是吴道子画的"孔子凭几像"，孔子按几而坐，弟子分侍左右，孔子第四十六代孙孔宗寿于宋代翻刻于石上。

在这些画像上，有宋太祖、宋真宗等皇帝的御赞，有宋代绍圣、政和等年号和题跋。殿内还有宋代书法家米芾篆书的"大哉孔子赞"，清康熙、乾隆皇帝的御制碑等。

清代最大的一次修茸是在清世宗雍正年间，1724年，大成殿因雷电起火，沿烧寝殿、大成门、御碑亭东西二亭等处。

衍圣公孔传铎奏请朝廷，命巡抚塞楞额督庙工，颁御书"生民未有"额于大成殿。

后来，又下令将正殿的正门改用黄色琉璃瓦，两庑用绿琉璃瓦，以黄瓦镶砌屋脊，并选内务府匠人用

■ 曲阜孔庙的石碑

■曲阜孔庙鲁壁

脱胎之法，敬谨装塑圣像。

　　1738年，清乾隆皇帝颁御书"与天地参"额，其后又颁"时中立极""化成悠久"两额。

　　1799年，仁宗爱新觉罗·颙琰赐御书"圣集大成"匾额，后来，又有不同规模的修庙8次之多，并将寝殿和同文门等易为黄瓦。

阅读链接

　　颜回是春秋末期的鲁国人，字子渊，亦颜渊，是孔子最为得意的一个弟子。《雍也》说他"一箪食，一瓢饮，在陋巷，人不堪其忧，回也不改其乐"。

　　为人谦逊好学，"不迁怒，不贰过"。他异常尊重老师，对孔子无事不从无言不悦。颜渊以德行著称，孔子称赞他"贤哉回也"，"回也，其心三月不违仁"。后来不幸早年谢世。

　　自汉代起，颜回被列为七十二贤之首，有时祭孔时独以颜回配享。此后历代统治者不断追加谥号，唐太宗尊之为"先师"，唐玄宗尊之为"兖公"，宋真宗加封为"兖国公"，元文宗又尊为"兖国复圣公"，明嘉靖年间改称"复圣"。

文化的传承和祭孔礼仪

曲阜孔庙石刻

作为祭祀孔子的庙宇，孔庙建筑群时间久远，是集历史、建筑、雕刻、绘画、书法等成就于一体的古老殿堂。

它不仅是历代统治者尊儒祭孔活动的历史见证，也是综合体现我国传统思想文化的载体，更是劳动人民智慧的结晶。孔庙自始建以来，对我国社会的发展产生了重大而深远的影响。

在我国2000多年的文化融合中，孔庙的功能已经远远超出了纪念性建筑的本身含义，成为中华多民族文化的象征。

孔庙的存在，体现了儒学在我国传统文化中的主流地位，而其中的碑刻艺术、石刻艺术以及祭孔活动等，也是我国文化在孔庙的集中体现。

随着时间的推移和朝代的更替，各地孔庙在建立、修缮、祭祀的过程中，留下了许多碑刻和匾额。

据统计，曲阜孔庙内共有碑碣1000多通，包括祀孔碑、谒孔碑、修建孔庙碑、功德碑等，这些碑碣除了大量的用汉文刻成外，还有一些少数民族文字，如满文、蒙古文字等。无论从年代跨度上还是数量上，都对研究我国古代的历史文化具有重要的参考价值。

从碑刻和匾额的书法艺术方面来看，各种字体兼备，风格不同，各具特色，是难得的珍品。碑刻中有汉碑和汉代刻字20余通，是我国保存汉代碑刻最多的地方。《乙瑛碑》《礼器碑》《孔宙碑》《史晨碑》是汉隶的代表作，《张猛龙碑》《贾使君碑》则是魏体的楷模。

此外，孔庙还有米芾、党怀英、赵孟頫、张起岩、李东阳、董其昌、翁方纲等人的法书，元好问、郭子敬等人的题名等。

孔庙里的雕刻也是我国石雕艺术的上品，尤其是大成殿的石柱雕龙，更是石雕艺术的佳作。孔庙的石

■ 曲阜孔庙石刻

匾额 我国古建筑的一个必要组成部分，是古建筑的眼睛。一般来说，人们用于表达经义和感情的属于匾，表达建筑物名称和性质的属于额。所以，匾额就是悬挂在门屏上的一种装饰物品，用来凸显建筑物的名称和性质，是人们表达义理和情感的一种文学艺术形式。但也有人认为，横着的叫匾，竖着的叫额。

■ 曲阜孔庙天禄

刻艺术品雕刻技法多样，有线刻、有浮雕。

线刻有减地，有剔地，有素地，有线地。浮雕有深有浅，有光面，有糙面。风格或严谨精细，或豪放粗犷，线条流畅，造型优美。

庙内明清时期的雕龙石柱共74根，其中减地平镌56根，高浮雕18根。减地平镌图案多为小幅云龙、凤凰牡丹，清雍正年间刻。崇圣祠刻牡丹、石榴、荷花等花卉，构图优美。另外，圣时门、大成门、大成殿的浅浮雕云龙石陛也有很高的艺术价值。

祭孔是民间对"先贤"孔子表示尊敬仰慕和追思的一种纪念活动。孔庙存在的目的就是祭祀孔子，因此，在历史上祭孔活动成为孔庙文化的一个重要组成部分。

根据《礼记》中的记载，早在周朝时期，每年都要按四季祭奠先师，以表示尊师重道之意。不过当时

剔地 雕刻技法之一，是用平刀、铲刀削刮勒线以外的空余石面，使景物部分隆起半毫米左右。剔地要诀是：把刀稳，用力均，刀向顺，轮廓清。凡自然形的石坯，剔地要随着石形之凹凸而起伏；若是四方章坯，底地则必须平坦完整，印面转角保持垂直。

所谓的先师，并不是指特定的某个人，凡是对教育有贡献的，并已经过世的教师，都是师生祭祀的对象。

后来，由于孔子生前非常注重教育，在教育事业上的成就很高，影响非常深远，所以释奠的主要对象逐渐成为孔子。

孔子死后第二年，即公元前478年，鲁国国君鲁哀公下令在曲阜阙里孔子的旧宅立庙，并且按岁时祭祀，这是诸侯祭孔的开始。

后来，逐步发展成"释奠礼"，释、奠都有陈设、呈献的意思，指的是在祭典中，陈设音乐、舞蹈，并且呈献牲、酒等祭品，对孔子表示崇敬之意。

之后，祭孔活动经历了许多变革，其总体趋势是活动规模越来越多，越来越隆重。

公元前195年，汉高祖刘邦经过鲁国，以太牢祭祀孔子，被认为是帝王祭孔的开始。

诸侯 是古代中央政权所分封的各国国君的统称。周代分公、侯、伯、子、男五等，汉朝分王、侯二等。诸侯名义上需服从王室的政令，向王室朝贡、述职、服役，以及出兵勤王等。汉时诸侯国由皇帝派相或长吏治理，王、侯仅食赋税。

■ 孔庙祭孔典礼复原塑像

■ 曲阜孔庙祠堂

汉元帝刘奭时期，征召孔子第十三代孙孔霸为太师，赐爵关内侯，号褒成君，赐食邑八百户，以税收按时祭祀孔子。这是封孔子子孙为侯，以奉祀孔子的开始，也是第一次为祭祀孔子而设立的专项费用。

公元29年，汉光武帝派遣大司空宋宏到曲阜阙里祭祀孔子，这是帝王派遣特使祭孔的开始。

在此之前，所有的祭孔典礼都在曲阜孔庙里举行，直至公元59年，汉明帝在太学及郡县学祭祀周公和孔子，开启了在学校中祭孔的先河，祭孔成为全国性的重要活动，被认为是第一次全国性祭孔活动的开始。

公元72年，汉明帝亲赴曲阜祭祀孔子及七十二弟子，被认为是祭孔有配享的开始。

自汉代以后，祭孔活动延续不断，规模也逐步提升。公元739年，唐玄宗封孔子为文宣王，祭孔时使用了原本仅限于古代天子用的64人的"八佾之舞"。

宋代时，祭祀孔子又使用了文武舞之制，文舞生64人，武舞生64人，合计128人。从此，孔子祭典一般都采用帝王礼制。

明清时期祭孔活动达到顶峰，被称为"国之大典"。顺治皇帝定都北京之后，在京师国子监立文庙，内有大成殿，专门举行一年一度的祭孔大典，并

关内侯 爵位名。秦汉时置，是20等级的第十九等，地位仅次于彻侯。一般系对立有军功之将的奖励，封有食邑多少户，有按规定户数征收租税之权，可世袭。魏晋时沿用，仅成为爵位的一种品级。

尊孔子为"大成至圣文宣先师"。

1906年，清光绪帝将祭孔大典升格为大祀，与祭天、祭地、祭先祖并重。祭孔用大祀礼，文庙按九楹三阶五陛制建造，乐用《八佾》，增《武舞》。祀日皇帝亲行释奠，并且行三跪九叩跪拜礼。

祭孔活动作为一项具有重大意义祭祀活动，具有非常多的仪式规定。

祭孔大典主要包括乐、歌、舞、礼四种形式，乐、歌、舞都是紧紧围绕礼仪而进行的，所有礼仪要求"必丰、必洁、必诚、必敬"。

祭孔大典中的乐舞表演，继承了上古时代汉民族祭祀天地和庆祝丰收与战功的原始舞蹈形式，是集乐、歌、舞、礼为一体的庙堂祭祀乐舞，有"闻乐知德，观舞澄心，识礼明仁，礼正乐垂，中和位育"的称谓，是唯一保留下来的汉民族舞蹈，具有巨大的文

跪拜礼 古人认为，不跪不叫拜。拜，在我国古代就是行敬礼的意思。按照周代礼仪的规定，当时对跪拜的动作和对象，作了严格的规范，总共分为稽首、顿首、空首，称为"正拜"，一般用于臣子拜见君王和祭祀先祖时的礼仪。

■ 曲阜孔庙御碑亭

■ 曲阜孔庙奎文阁

编钟 我国古代的一种打击乐器，器身用青铜铸成，它由大小不同的扁圆钟按照音调高低的次序排列起来，悬挂在一个巨大的钟架上，用丁字形的木槌和长形的棒分别敲打铜钟，能发出不同的乐音，因为每个钟的音调不同，按照音谱敲打，可以演奏出美妙的乐曲。

化和艺术价值。

在祭祀孔子的历史过程中，还形成了独具一格的乐舞艺术。祭孔乐舞的内容以颂扬孔子生前的业绩为主，是乐、歌、舞三位一体的综合艺术。

其乐源于孔子所推崇的"韶"，舞源于"夏"，诗来自隋代牛弘、蔡徽的创作。乐曲八音齐全，古朴纯正、典雅悠扬、金声玉振。

舞生以龠为舞具，舞姿刚劲舒展，具有雕塑之美。乐生演奏的乐器有古筝、笙、笛、箫、编钟、编磬等。

祭孔礼仪场面宏大，古朴娴静，而庄严肃穆的祭孔气氛与金碧辉煌的大成殿，更是形成了完美的艺术统一。

祭孔乐舞以其平和的曲调，适中的节奏，典雅的歌词，谦恭的舞步，凸显出我国古代雅乐博大精深的思想意蕴，用庄严恢宏的感人气势以及和谐的艺术风格，集中展示了孔子及儒家倡导的"仁""和谐"以及"礼让"的人文价值。

大典用的音乐和舞蹈等集中表现了儒家思想文化，体现了艺术形式与政治内容的高度统一，形象地阐释了孔子学说中"礼"的含义，表达了"仁者爱人""以礼立人"的思想，具有较强的思想亲和力、精神凝聚力和艺术感染力，对于弘扬优秀传统文化、营造和乐氛围、构建和谐社会、凝聚民族精神等都具有不可替代的社会作用。

祭孔的最重要议程是三献礼，主祭人要先整衣冠、洗手后才能到孔子香案前上香鞠躬，鞠躬作揖时男的要左手在前右手在后，女的要右手在前左手在后。所谓的三献分为初献、亚献和终献。

初献帛爵，帛是黄色的丝绸，爵指仿古的酒杯，

仁 我国古代一种含义极广的道德范畴。孔子把"仁"作为最高的道德原则、道德标准和道德境界。他第一个把整体的道德规范集于一体，形成了以"仁"为核心的伦理思想结构，它包括孝、悌、忠、恕、礼、知、勇、恭、宽、信、敏、惠等内容。其中孝悌是仁的基础，是仁学思想体系的基本支柱之一。

■ 曲阜孔庙前的石狮子

■ 曲阜孔庙碑群

儒学 起源于春秋时期，是道家、墨家、法家、阴阳家等诸子百家之一，从汉朝汉武帝开始，成为我国社会的正统思想，随着社会的变化与发展，儒学从内容、形式到社会功能也在不断地发生变化与发展。

由正献官将帛爵供奉到香案后，主祭人宣读并供奉祭文，而后全体参祭人员对孔子像九鞠躬，齐诵《孔子赞歌》。亚献和终献都是献香献酒，分别由亚献官和终献官将香和酒供奉在香案上，程序和初献相当。

后来的祭孔大典又分为开城仪式、孔庙开庙仪式、公祭和传统祭祀四个部分，在音乐、舞蹈和服饰等方面也都有了新的发展。

首先是音乐新，在原有乐谱的基础上，重新制作了开城、祭孔的音乐，引入了交响乐等表现形式，意在达到磅礴大气、震撼人心的艺术效果。

其次是舞蹈新，大典参照《中国历代孔庙雅乐》等有关文献图谱，对祭孔乐舞进行了重新编排，使其更具感染力。

再者是服饰新，演出使用的明代服装和道具经过重新设计制作，准确体现了明代祭孔的规模和盛况，更加古朴、庄严、凝重，展现了"千古礼乐归东鲁、万古衣冠拜素王"的盛况。

从孔庙的发展史可以看出中华文化传承的轨迹，孔庙在兴建之时，儒学的传播还处于萌芽的状态。

汉初虽然已确定了"罢黜百家、独尊儒术"的文化政策，但由于本土宗教道教文化与外来佛教文化对儒家文化的争战，以及其后三国、魏晋、南北朝绵延数百年的社会分裂动荡所引起的思想混乱，使儒家学术很难取得"独尊"的地位。

但在这一时期，儒学积极吸收其他学派的成分，用以适应社会的需要。到隋唐时期天下一统的局面形成，孔子及其创建的儒家学派所阐发的精神与学术思想经受了时间的考验，儒家文化的价值也得到了社会的广泛认同，从而使大规模兴建孔庙与长期传播儒家文化成为可能。

宋元明清各朝沿袭"独尊儒术"的文化政策，不断以尊崇的谥号封赠孔子，对孔庙建筑的规格一再提高。随着祭祀的孔庙的意义提高，后来除曲阜孔庙外，自北朝开始在全国有关郡县设立文庙学宫，文庙学宫从此有了"学校"的功能。

谥号 我国古代君主、诸侯、大臣、后妃等具有一定地位的人死去之后，根据他们的生平事迹与品德修养，评定褒贬，而给予一个寓含善意评价、带有评判性质的称号。

■ 孔庙宋代银杏树

■ 曲阜孔府石座

这一重要功能对隋唐以降的科举制度起到了承前启后的作用。尤其从唐代至清末，庙学不分，规制有前庙后学、左庙右学、左学右庙，还有中庙左右学、中庙周学等。

庙学合一的体制使历代儒士文人在这里接受儒学的熏陶，尊经读经即成为学校教育的重要内容，为各个时期培养了不同层次的学人。

自隋唐以后，儒学得到了长足的发展，并逐渐发展成了中华民族传统文化的主干，孔庙则是这一文化的重要载体。

通过各种文献可以看出，当时孔庙祭祀操纵于国家，其目的在于历行教化，即"庙以崇先圣，学以明人伦"。孔庙祀孔表明国家历行教化的根本内涵是孔子之道，追求"君君、臣臣、父父、子子"理想化的礼制秩序。

"仁义礼乐"是儒家之道，政治对儒道的汲取是为了建立有序社会，实现专制统治。所以后人说：

孔子以道设教，天下祀之，非祀其人，祀其教也，祀其道也。

由此可以看出，孔庙祭祀孔子，其主要目的就是推崇他所创立的思想学说。从另一个方面来说，曲阜孔庙及后来在各地建立的孔庙，对于推动中华民族的融合与统一功不可没。

据文献记载，古代在封建国家政令的要求下，无论是中原内地，还是边陲地区，都曾设有孔庙。如辽时上京、中京、西京都设有国子监，其旁建有孔子庙，按时祭祀先圣先师。其下各州、县也都有孔子庙。金朝沿袭辽制，除上京国子监有孔子庙而外，州县也建有庙学。

封建王朝的重视使孔庙遍布各地。在边陲云南，元朝在云南建立行省后，于1278年在昆明建孔子庙。此后，大理、建水、通海、石屏等地也纷纷建立孔庙并使之制度化。

到清末时，云南全省除个别极边远的地方外，差不多所有州县都有孔庙了。这些孔庙的建立，大大改善了当地文化教育的发展。

孔庙对民族融合的促进作用，不仅表现在各个地区广设孔庙上，还表现在各个民族对孔庙的态度上。

儒家文化是中华民族共有的精神财富，而非仅被汉族所垄断，这从孔庙建筑者的族别上很容易看出来。南北朝时期鲜卑族的北魏孝文帝推行汉化政策，是史载最早在曲阜以外的城镇修建"先圣庙"祭祀孔子的皇帝。

孔庙汉画像石刻

女真族在进入中原、建立金朝后，代代皇帝尊孔祀孔，修建孔庙，如山西平遥文庙仍保留有金朝建筑的格局。

蒙古族建立的元朝，不仅在大都修建孔子庙，奠定了北京孔庙的规格，还将孔子封为"大成至圣文宣王"，为历代帝王封赠孔子的最高谥号。

清王朝的满族统治者则在建立清朝而未入主中原之前已奉行祭孔大典，并在东北地区建立了孔庙。

中华56个民族供奉孔子为"先圣先师"，在2000多年的历史长河中缓和了民族矛盾，促进了各民族的统一。

同时，儒家文化规范了中华民族各阶层的道德规范和行为准则，并成为一种理念，是促进中华各民族加强团结携手并进的精神纽带。

孔庙还具有较高的史学价值，孔庙见证了我国2000多年封建社会的发展历程。在各地孔庙的发展史上，留下了丰富的遗存和资料。

阅读链接

孔子的祖先本是殷商的后裔，为子姓。周灭商后，商朝忠正的名臣微子启于商丘建立宋国。微子启死后，他的弟弟微仲即位，微仲即为孔子的先祖。

自孔子的六世祖孔父嘉之后，后代子孙开始以孔为氏，孔子的曾祖父孔防叔为了逃避宋国内乱，从宋国逃到了鲁国。孔子的父亲叔梁纥是鲁国出名的勇士，叔梁纥先娶施氏曜英，生九女而无一子，其妾生一子孟皮，但有足疾。在当时的情况下，女子和残疾的儿子都不宜继嗣。

叔梁纥晚年与年轻女子颜徵在生下孔子，孔子的伟大思想与孔子母亲有很大关系，母亲颜徵在和他的外祖父颜襄对孔子产生了深远的影响。由于孔子的母亲曾去尼丘山祈祷，然后怀下孔子，又因孔子刚出生时头顶的中间凹下，像尼丘山，所以最终起名为丘，字仲尼。

南京夫子庙

　　夫子庙是一组规模宏大的古建筑群，是供奉和祭祀孔子的地方，也是我国的四大文庙之一，被誉为秦淮名胜，成为古都南京的一大特色。

　　夫子庙始建于宋，位于秦淮河北岸的贡院街旁，庙前以秦淮河为泮池，南岸的石砖墙为照壁，全长110米，高10米，是我国的照壁之最。

　　北岸庙前有聚星亭、思乐亭。中轴线上建有棂星门、大成门、大成殿、明德堂、尊经阁等建筑，是秦淮风光的精华。

江南佳丽地的南京夫子庙

　　夫子庙是供奉和祭祀我国古代著名的大思想家、教育家孔子的庙宇。南京夫子庙建于1034年的宋代景祐元年，是东晋学宫扩建而成，后世历代都进行过修葺和扩建。自古以来，南京都是人才荟萃、商贾云集之地，素有"江南佳丽地"的美誉。

　　夫子庙的建筑富有明清色彩。它以大成殿为中心，从照壁至卫山

■ 南京夫子庙

■ 南京夫子庙习礼亭

南北成一条中轴线，左右建筑对称配列，占地广约
26300平方米。四周围以高墙，配以门坊、角楼。南
京夫子庙的"习礼亭"和"仰圣亭"分别摆放着"礼
运钟"和"圣音鼓"。

　　钟，是我国独特的文化意象，排在我国古代"八
音"乐器的首位，南京夫子庙的"礼运钟"钟声浑厚
悠扬，与苏州寒山寺的"夜半钟声到客船"的钟声有
异曲同工之妙。

　　"礼运钟"是为纪念孔子诞辰2550周年而特别铸
造的，钟的上半部刻画的是孔子周游列国的场景，中
间是孔子《礼运篇》中的铭文，下半部是麒麟吉祥如
意的图案，"礼运钟"3个字是由孔子第77代嫡孙女
孔德懋题写的。

　　古时有"晨钟暮鼓"的礼仪，南京夫子庙的"圣
音鼓"，也是为了纪念孔子诞辰2550周年所铸，与

商贾　古代称行
走贩卖货物为
商，住着出售货
物为贾。二字连
用，泛指做买卖
的人。范蠡是人
们普遍认为的商
贾鼻祖，他善于
经营，资产至
千万，后移居定
陶，号陶朱公。

■ 南京夫子庙仰圣亭

"礼运钟"同为青铜铸造。青铜鼓也是春秋时期举行雅乐活动的乐器，鼓声浑厚，威震四方。

古时候，夫子庙学宫是学子和秀才研习经书的地方，是科考的预备场所，也是学子们学习和生活的地方。

在这里生活，必须要有生活用水，"玉兔泉"便是学子们唯一用水的地方。泉水涌现，清澈透明，水质优良。

据《至正金陵新志》记载，玉兔泉的来历还与宋代的太师秦桧有关。

相传秦桧在夫子庙学宫学习时，一天晚上看见一只白兔入地，他便派人到玉兔指引的地方进行挖掘，刚挖到1丈处，发现此处有泉眼，泉水清澈。

等到秦桧考上状元之后，派人开凿造井，并亲自题写篆书"玉兔泉"。

明代开国功臣，御史中丞兼太史刘伯温，被称为明代"三立"第一人。

"三立"就是"立德、立功、立言。"刘伯温专门撰写了《玉兔泉》一文，记载了秦桧夜晚发现井和开凿造井的故事，并作铭文，专为玉兔泉水辩冤：

桧死为蛆，泉洁自如；

我作铭诗，众惑斯祛。

呜呼泉乎！终古弗渝。

意思是说秦桧是奸臣，但并不能诽谤和冤枉"玉兔泉"本身。玉兔泉水是清晰之水、智慧之水，我要撰写铭文，为大众祛除疑惑，这玉兔泉终古不变。

后来，由于玉兔泉清澈透明，水质上乘，加上学宫内又培养和造就了大批的经国人才，根据"智者乐水，仁者乐山"，而把玉兔泉改为"智慧之泉"，又称"智泉"。

玉兔泉旁边碑叫《筹措朝考盘费碑》，该碑立于后来的清光绪年间，记载了李鸿章、左宗棠等人捐白银一万余两，作为附属七县考生赴京会试公车经费的经过。

南京夫子庙大成殿的建筑规制，也是沿用古时皇帝特批的九五之尊的建筑规格。在唐代时被称为"文宣王殿"。

1104年的北宋时期，宋徽宗为了颂扬孔子思想之

■ 南京夫子庙玉兔泉

博大精深，集古今之大成，便下诏将殿名更为"大成殿"。

南京夫子庙大成殿为重檐歇山顶，屋面盖青色小瓦，轻秀随和。屋脊的双龙戏珠立雕，号称"江南第一龙"。

这种风格的建筑在全国为首创，造型精美。

"大成殿" 3个金色大字是清朝雍正皇帝御笔题写的，大殿左右两侧悬挂着巨幅楹联：

删述六经，垂宪万世；
德侔天地，道贯古今。

对孔子的一生做了精辟的概括。整座建筑重檐飞翘，斗拱交错，气势雄伟。

大成殿面阔五间，东西两庑面阔九间，是南京夫子庙的主体建筑，也是祭祀孔子的圣殿。殿前露台正中央一尊孔子青铜像，高4.18米，重2.5吨，是我国最

■ 南京夫子庙大成殿外景

大的孔子青铜像。

民间有许多关于这尊孔子青铜像的传说，如摸摸孔子的脚和衣服就能够状元及第，飞黄腾达，所以孔子铜像的双脚被摸得锃亮。

殿内中央陈列有一幅巨大的孔子画像，高6.5米，宽3.15米，由著名画家王宏喜参照唐代被称为"丹青第一高手"的著名画家吴道子所画的孔子像绘制而成，是我国最大的孔子画像。

画中的孔子，一身布衣，两手上下叠置交错在一起，似乎在欣喜地聆听着什么，又像是在细细地长谈着什么。

■ 南京夫子庙外的马头墙

画像两侧是近代著名书法家尉天池书写的乾隆皇帝撰书的楹联：

气备四时，与天地鬼神日月合其德；
教垂万世，继尧舜禹汤文武作之师。

上联的意思是说，孔子具备四时之气，能够与天、地、日、月、鬼、神相配，歌颂了孔子的盖世之德。下联的意思是说，孔子的文行忠信教化之初，可与尧、舜、禹、汤、文、武并列，是继圣君之后的又一位大师。

殿内正中间摆放着"至圣先师孔子神位"牌，以

丹青 我国古代绘画常用朱红色、青色，故称画为"丹青"。民间称画工为"丹青师傅"，也泛指绘画艺术，丹青因其不易褪色，又因为丹册多记勋，青册多记事，故"丹青"意同史册。

《论语》 是儒家的经典著作之一，由孔子的弟子及其再传弟子编撰而成。它以语录体和对话文体为主，记录了孔子及其再传弟子言行，集中体现了孔子的政治主张、伦理思想、道德观念及教育原则等。《论语》成书于战国初期，全书一共20卷，11705个汉字，可谓汉语文章的典范。

■ 南京夫子庙编钟

供后人的敬仰和尊拜。在孔子神位牌两侧供奉有"四亚圣"，东侧为颜回、曾子，西侧为孔伋、孟轲，都为汉白玉雕成的塑像。

颜回是孔子最得意的弟子，被列为孔子弟子中"德行"第一，七十二贤之首。他提出"克己复礼为仁。一日克己复礼，天下归仁焉"的思想，被尊称为"复圣"。

曾参16岁时拜孔子为师，是孔子学说的主要传道人之一，《四书》中的《大学》一书的作者，也是《论语》一书的主要编著者，后被封为"宗圣"。

孔伋是孔子的孙子，著有《中庸》一书，后被封为"述圣"的尊号。

孟轲，即孟子，提出《仁政》学说，倡导"以德服人"，提出"得道者多助，失道者寡助"的重要思想。后人也把孔子、孟子代表的儒家思想称为孔孟之道，后被封为"亚圣"的尊号。同时，"孟母三迁"

■ 南京夫子庙牌坊

的经典故事也在我国家喻户晓、千古传颂。

大殿上方有八位清朝皇帝题赠的匾额，它们分别是康熙帝的"万世师表"、雍正帝的"生民未有"、乾隆帝的"与天地参"、嘉庆帝的"圣集大成"、道光帝的"圣协时中"、咸丰帝的"德齐帱载"、同治帝的"圣神天纵"、光绪帝的"斯文在兹"匾额。

这一块块匾额印证了历朝历代皇帝尊崇膜拜孔子的历史。御匾"万世师表"，是由清康熙皇帝御笔题写的。整个匾雕龙贴金，十分气派。"万世师表"的意思是孔子和他的道德学问是我们千秋万世的老师和表率。

在祭祀区内还摆放了用于祭孔乐舞中的古乐器，有编钟、编磬、琴瑟等。

南京夫子庙的"尊经阁"是一座重檐丁字脊歇山顶三层古建筑，端正凝重、玲珑华丽，匾额由我国当代书坛女杰萧娴题写。

编磬 古代乐器一种，用石或玉制作，16面一组。它的音色，除黄钟、大吕、太簇、夹钟、姑洗、仲吕、蕤宾、林钟、夷则、南吕、无射、应钟这12正律外，又加4个半音，演奏打击时，发出不同音响，清宫所藏玉编磬，是清乾隆时制，在重大典礼演奏中和韶乐时使用。

■ 南京夫子庙牌坊

南京夫子庙尊经阁的名称意思是"以经为尊"。古时候为教谕讲课的讲堂,楼上藏有《十三经》和《廿一史》等书籍。

古时候,藏书历来是读书人的精神寄托,藏书楼是文人雅士心目中的圣殿。尊经阁始建于明朝中期,咸丰年间毁于战火。后来在清朝同治年间又由一等毅勇侯曾国藩和直隶总督李鸿章相继扩建重建。

清朝,在尊经阁还开办过"尊经书院"。书院是地方士绅开设的儒学讲习场所,也是科举时代培养人才的途径之一。尊经书院古时为南京的八大书院之一,名噪一时。

文德桥原为六朝金陵二十四航之一,明万历年间建成木桥,之后由钱宏业改建为石桥。桥名取儒家"文德以昭天下"之意。

后修葺时改建为汉白玉桥栏,青石桥面。因文德桥位于子午线上，每年农历十一月十五子时，月亮正临子午线，桥影可将河中明月分为两半。

此时人立桥上，俯身可见桥下两个"半边月"，称"文德分月"。立身自顾无影，即为"月当头"奇观。每逢这天，桥上人山人海，观月者常将桥栏挤断而落入水中，故又有"文德桥栏杆靠不住"的歇后语传之于世。

武定桥也称上浮桥，最初题名为"嘉瑞浮桥"，与朱雀桥相对。明初曾易名为"武宁桥"，清道光时期又改为"武定桥"，取"文能安邦，武能定国"之意。此名又与文德桥相呼应，俗称文、武二桥。

清末时期，南京夫子庙是南京民间民俗文化的集结地。南京的评书、相声、扬剧、昆曲、古琴等都落户在这里，各种群众文艺活动十分活跃，使得南京夫子庙与北京天桥、天津劝业场齐名，成为我国曲艺的三大发祥地之一。

阅读链接

卫侯提出了一项不正确的计划，而大臣们却附和如出一口。孔伋对公丘懿子说："我看卫国，真是'君不像君，臣不像臣'呀！你的国家将要一天不如一天了。"

卫侯问："为什么？"

孔伋回答说："国君说话自以为是，卿大夫等官员竟然没有人敢纠正你的错误，官员们说话也自以为是，士人百姓也不敢纠正其错误。君王和官员们还都以为自己是贤能，下属又同声称赞他们贤能，称赞他们贤能的万事如意而有福了，指出他们错误的则寸步难行甚至大祸临头，如此下去，国将不国。《诗经》里说：'都说自己是圣贤，就像乌鸦连雌雄都不能分辨了！'不正是说像你们这样的君臣吗？"

孔伋指出了不同意见对于君臣和国家治理的重要性，在他看来，"一致"最可怕，"不一致"才是真正的"和谐"。

蜚声全国的金陵灯会和小吃

南京夫子庙灯会是流传于南京地区的特色民俗文化活动，又称为"金陵灯会"，主要在每年的春节至元宵节期间举行。

南京夫子庙灯会的历史源远流长，根据文献记载，早在南朝时期，都城南京就出现了举办传统元宵灯会的习俗。

自明初洪武帝朱元璋在南京倡导元宵灯节活动以后，南京逐渐开始享有了"灯火甲天下"的美誉，河悬挂花灯的画舫，俗称的"灯船"也随之蜚声全国。

之后，灯会进一步扩展，灯彩的扎裱技艺也不断提高，并推动了南京剪纸、空竹、绳

■ 南京夫子庙灯会

结、雕刻、皮影、兽舞、秧歌、踩高跷等民间艺术的发展。

历史上的南京夫子庙灯会主要分布在南京河流域，后来主要集中在夫子庙地区，已经扩展到"十里"东侧五里地段，覆盖范围非常广泛。

南京夫子庙灯会作为一项民俗活动，是历代南京人们延续和传承民俗文化的重要空间，长久以来，它已成为文化的重要组成部分。南京本土和外来的文化艺术贯穿于灯会中，构成其独特兼容的艺术内涵。

每年南京夫子庙灯会都会吸引众人前来，他们在领略南京夫子庙灯会、感受金陵民间文化的同时，也促进了该地区经济的发展。

南京夫子庙灯会无论是历史意义、人文价值、经济价值还是社会影响都非常巨大，作为南京地区的特色文化空间，它也在进一步发扬光大，并一直传承。

除此之外，南京夫子庙供应的传统食品和风味小吃也是夫子庙的一大特色。夫子庙饮食文化源远流

剪纸 又叫刻纸，是我国汉族最古老的民间艺术之一，它的历史可追溯到公元6世纪，可以分为窗花和剪画，区别在创作时，有的用剪子，有的用刻刀，虽然工具有别，但创作出来的艺术作品基本相同，人们统称为剪纸。剪纸是一种镂空艺术，其在视觉上给人以透空的感觉和艺术享受。

长，最早可以远溯到六朝时期，明清两朝尤盛，各派菜系和小吃争奇举胜，风味独具。

后来，人们对散落民间的风味小吃进行整理，在继承传统特色的基础上进行创新，形成了以"秦淮八绝"为代表的秦淮风味小吃。

小吃供应干稀搭配，荤素相间，穿插民俗表演，具有浓郁地方特色和文化氛围，使餐饮过程同时成普及文化欣赏的过程，体现了饮食和文化的精美结合。

为了弘扬夫子庙独特的饮食，建造了闻名遐迩的夫子庙"美食中心"。美食中心位于夫子庙南端，东起平江府路，西止来燕路，建筑造型各异，高低错落有致，青砖小瓦，粉墙坡屋，古朴典雅，与夫子庙古建筑群融为一体。

美食中心的内部设施一流，仿古花岗岩路面两侧镶嵌着彩色广场砖，菱形的花坛、回绕的长廊、花园式的广场、古典式的矮架路灯，营造出温馨而优雅的氛围。

沿街坐落着晚晴风味轩、晚晴茗轩、金陵春酒楼、夫子庙康乐城、秦淮人家、白鹭宾馆等一批知名餐饮娱乐企业，荟萃了普天下的美食精品。

阅读链接

南京夫子庙秦淮风味小吃的历史悠久，有80多个品种，是我国四大小吃群之一。

夫子庙小吃雅称为"秦淮八绝"，"一绝"为魁光阁的五香茶叶蛋、五香豆、雨花茶；"二绝"为永和园的开洋干丝、蟹壳黄烧饼；"三绝"为奇芳阁的麻油干丝、鸭油酥烧饼；"四绝"为六凤居的豆腐脑、葱油饼；"五绝"为奇芳阁的什锦菜包、鸡丝面；"六绝"为蒋有记的牛肉汤、牛肉锅贴；"七绝"为瞻园面馆的薄皮包饺、红汤爆鱼面；"八绝"为莲湖糕团店的桂花夹心小元宵、五色小糕。

孟庙孟府

孟府及孟庙位于山东省邹城南关，庙、府毗邻。孟庙又称亚圣庙，是历代祭祀战国时思想家孟子之所。

孟庙为五进院落，以亚圣殿为中心，南北为一中轴线，左右作对称式排列，充分体现了我国劳动人民的创造才能和古建筑的特点，是宋元至明清时期的古建筑代表作品。

孟府也称"亚圣府"，前后有四进院落，楼、堂、阁、室116间，以主体建筑大堂为界，前为官衙，后为内宅，整体布局大方气派，典雅中透着威严。

儒家亚圣的祭祀朝拜圣地

　　孟子，名轲，是我国著名的思想家、教育家，战国时期儒家的代表人物。孟庙又称亚圣庙，位于山东省邹城市南关，是历代祭祀孟子的场所。

　　孟子继承并发扬了孔子的思想，成为仅次于孔子的一代儒家宗

■ 孟庙内的建筑与古树

师，对我国文化的影响全面而巨大，有"亚圣"之称，与孔子合称为"孔孟"。

"亚圣"作为官方称谓，起源于元代。元文宗孛儿只斤·图帖睦尔加赠孟子为"邹国亚圣公"，孟子开始被尊封为"亚圣"。

孟庙呈长方形，院落五进，殿宇64间，占地4万平方米，庙内古树苍郁，葱笼茂密，堪称奇观。孟庙正南门为"棂星门"，是孟庙内的第一座木架结构门坊，枋额上楷书"棂星门"3个光彩夺目的贴金大字，是后来清朝同治年间的山东巡抚丁宝桢的手书。

据《后汉书》记载：

棂星，天田星也。欲祭天先祭棂星。

古人认为"棂星"是天上的文星，"主得士之庆"，天子祭天必先祭棂星。孟庙第一道大门以"棂星"命名，即意味着孟子是天上的文星下凡，也含有尊圣如天的意思。

棂星门四柱三洞，雕梁画栋，色彩绚丽，重檐斗拱，凌空欲飞，高大威严。在封建社会，棂星门只有每年农历二月和八月举行祭祀孟子大典之日，或者皇帝和钦差大臣前来拜谒孟庙之时才打开，平时闭门不启，以示严肃庄重。

门内东西两边各建有一座互相对称的歇山转角、斗拱承托的木坊，东名"继往圣"，西名"开来学"，以此来表彰孟子对儒家学说起到的"承先启后，继往开来"的功绩。

进棂星门为孟庙的第一进院落，北墙正中是座精雕细刻的石坊，名为"亚圣坊"，也是孟庙第二道门坊。这座石门坊为四柱三门，柱为八棱，顶端装饰古瓶、朵云，类似华表。

枋额正中刻楷书"亚圣庙"3字，东侧门楣坊心线刻云龙，西侧门楣坊心线刻长有双翼展翅飞翔于流云之中的翼龙。石坊东侧竖有1581年明朝时期的"邹国亚圣公庙"石碑一通。据碑文可知，这座门坊原为明代的孟庙大门。

穿过亚圣庙石坊，便进入孟庙第二进院落。院内古柏苍苍，翳天

孟庙院内景观

至尊的圣地

蔽日，虽历经沧桑，依然枝干挺拔。院中有一条砖铺甬道，直通"仪门"。这是一座歇山式斗拱承托三启门洞的高大门楼。门额上悬一竖匾，上书"泰山气象门"5个大字，所以仪门也称"泰山气象门"。

"泰山气象"4字取义于程颐之说：

> 曰仲尼元气，颜子春生，孟子并秋杀尽，盖亦时然而已。仲尼，天地也；颜子，和风庆云也；孟子，泰山岩岩之气象也。

过仪门便是孟庙的第三进院落，院内的东西两侧各建有一门，是平常出入孟庙的通道。东门原名为"钟灵门"，西门原名为"毓秀门"，后来清乾隆年间进行修葺时，将门名分别改为"知言门"和"养气门"，二者取义于《孟子·公孙丑上》中的"我知言，我善养吾浩然之气"。

儒家 又称儒学、儒家学说，或称为儒教，是我国古代最有影响的学派。儒家并非通常意义上的学术或学派，它是中华法系的法理基础，对我国以及东方文明发生过重大影响并持续至今的意识形态，儒家思想是东亚地区的基本文化信仰。儒家最初指的是冠婚丧祭时的司仪，自春秋起指由孔子创立的后来逐步发展以仁为核心的思想体系。

■ 孟庙古树木

知言门和养气门南侧分别建有"祭器库"和"省牲所"，是专门存放祭祀孟子用的祭器和祭品的。

在知言门外，植有45棵桧柏，沿庙墙一字排列，桧柏拔地参天，姿态万千，颇为壮观。最南端的一株是世所罕见的"柏抱槐"。

柏抱槐在3人才能搂抱过来的古老的侧柏树干之中，从根部起在树干中心突生出一株巨槐，两树身干合为一体，上面虽枝叶交错，但柏槐判然，青葱茂密，是我国罕有的双树寄生，有人把"柏抱槐"形容为"夫妻树"，观其连理缠绵，相依为命，相互拥抱，永不分离的形态，的确有深情厚爱的象征意义。

院内的北壁有并列着的3门，中为"承圣门"，东为"启贤门"，西为"致敬门"。"承圣"两字，取孟子上继尧舜禹汤文武周孔统绪之含义。而"启贤"则含有赞颂孟子父母有"启毓圣贤"之贡献的意思。

在养气门外，建有一座横跨大街的木坊，为四柱三洞，丹薨碧瓦，飞檐翘角，彩画鲜明。檐下半拱11踩5翘，正中一间悬山式坊顶高出两侧歇山式坊顶，主次分明。4个歇山式坊角向外伸出，高高翘起。木坊正中门楣横书"亚圣"两字，故名"亚圣木坊"。

承至门左侧，建有一座高大的碑亭，重檐翘角，斗拱承托，绿色

孟庙内的石碑

琉璃瓦覆顶，贴金彩绘，富丽堂皇。亭内放置清康熙的《御制孟子庙碑》一幢，故称此亭为康熙御碑亭。碑额浮雕泰山祥云、二龙戏珠等图案，雕刻技艺精湛，形象逼真。

碑座为一巨大石雕，狮头、龟背、鹰爪、蛇尾的似龟非龟怪兽。据徐应秋《玉芝堂·龙生九子》中说，此兽叫"霸下"，又叫"赑屃"，传说是龙的第六个儿子，喜文好负重，力大无穷。这块石碑是孟庙中最大的一块石碑，碑文字体工整秀丽，是清圣祖玄烨所御笔亲书的。

每年农历正月十六，是孟庙一年一度的庙会，这天，当地群众络绎不绝来孟庙赶会，百姓称之为"走百病"。人们不仅争相往碑座下的缝隙里投掷硬币，而且都要用手摸摸这座石雕怪兽的脑袋和屁股，说是：

十六摸摸乌龟头，全年高兴不发愁；
十六摸摸乌龟腚，全年消灾不生病。

孟庙亚圣殿

以至于这碑座赑屃的头和屁股被人们摸得越来越光滑了。碑亭的东侧竖有"孟母断机处""子思子作中庸处""孟母三迁祠"和乾隆皇帝的"述圣子思子赞""述圣子思石刻像"等石碑数幢。

这些石碑原来立在古城南门外左侧的"孟母断机堂"和"子思书院"处，因这两处古建筑毁于战火，遂移至孟庙内保存。

进入承圣门便是孟庙的第四进院落，即中心院落，孟庙的主体建筑"亚圣殿"就坐落在院中高台之上。亚圣殿前建有"东庑"和"西庑"各七楹。

院内甬道东边建有乾隆御碑亭一座，为单檐斗拱、黄色琉璃瓦覆顶的方形建筑，亭内立有乾隆皇帝手书的"亚圣孟子赞"碑。

在亚圣殿前的露台之下有一口古井，井畔围有石栏，井名为天震井。据井旁的碑刻记载：

清康熙年间1672年，庙前演戏，忽日中声震如雷，闻者环顾失色，见阶前陷有瓮罋圆痕，熟视乃井也。十二年为修庙之用，额之曰天震井，砌之以罋，环之以石，并书其迹从志异云。六十四代孙孟尚锦识。

亚圣殿是孟庙的主体建筑，殿为7楹，高17米，进深20.48米，横宽27.7米，是一座绿色琉璃瓦覆顶、重檐歇山式宫殿型建筑。大殿四周，列有擎檐的巨型石柱26根，每柱都呈八角形。柱下以石鼓为础，鼓下又以石刻覆莲作承托。

据考证，石刻覆莲是宋代建造此殿时所刻制，而巨型石柱则为明代维修此殿时所制。殿前廊檐下的8根石柱，都饰以浅浮雕，殿门两侧4柱正南面镌刻翼龙在云中翱翔，栩栩如生，世所罕见。其余各面刻有宝相牡丹或缠枝西番莲花。

殿檐下的梁枋斗拱皆饰以云龙和彩绘贴金工艺，可谓精美绝伦。大殿正面重檐之间，高悬一匾，上书"亚圣殿"楷书贴金大字，四周环绕5条金龙。

殿之正面朱槅并列，正中门额上悬挂"道阐尼山"横匾一块。殿内承以8根巨型朱漆木柱，迎门两

■ 孟庙亚圣殿近景

擎檐 用以支撑屋面出檐的柱子称为擎檐柱。多用于重檐或重檐带平座的建筑物上，用来支撑挑出较长的屋檐及角梁翼角等。柱子断面有圆、方之分，通常为方形，柱径较小。擎檐柱与其他联络构件枋、檐柱、华板、栏杆等结合在一起兼有装修的作用。

■ 孟庙内的石刻

衮冕 即衮衣和冠冕，是古代皇帝及上公的礼服和礼冠，是皇帝等王公贵族在祭天地、宗庙等重大庆典活动时穿戴用的正式服装。明代衮冕是历代以来唯一在文献、图样、绘画和出土实物几个方面都有详细资料存世的皇帝大礼服。衮冕还有"登朝入仕"的意思。

柱正面凸镌一副巨型抱柱对联：

尊王言必称尧舜；

忧世心同切禹颜。

门匾和对联都是后代的乾隆皇帝手书。大殿正中，在雕龙贴金的神龛内，供奉着衮冕九旒九章的孟子塑像。东侧神龛内，供奉着孟子弟子利国侯乐正子的塑像。

乐正子，复姓乐正，名克，战国时鲁国人，1115年被封为利国侯。孟子曾以善人、信人称之。朝廷封侯时的诏旨称乐正子为"学古之道好善，优于天下，追以侯爵，其配食焉。斯文之光，万古不泯。"

殿内殿顶为团龙彩绘的承尘藻井，精美绝伦。在藻井之下，横悬清雍正皇帝手书"守先待后"金匾一块。宏伟壮观的亚圣殿，除用于纪念孟子之外，还是一处集古代建筑、雕刻、铸造、绘画于一体的艺术博物馆。

亚圣殿既有创建时的石刻覆莲柱础，也有明代大修时增添的浅线雕刻石柱，又有清康熙年间重建的木架结构，可谓古代建筑的典范。它与曲阜孔庙的"大成殿"遥相呼应，相得益彰。

"两庑"位于亚圣殿前东西

■ 孟庙的石雕狮子

两侧，为左右对称式建筑，历代经过多次修葺。两庑各7楹，高7.8米，纵深8.35米，长25.28米。两庑是供奉孟子弟子和历代对于孟子学说有研究有贡献的学者的场所。孟子弟子从祀始于宋代，据记载：

元贞元年，居敬既修建县学，为营两庑新阶，配公孙丑而下十有九人，冕服视爵秩从祀焉。

两庑室内各建神龛3座，内安放木制神主牌位，但是没有塑像。东庑3龛共从祀11人，南龛为先儒高子、先贤公都子、先儒盆成括。

高子是战国时期齐国人，曾从师于孟子，宋时封爵为泗水伯，清乾隆时改称为先儒高氏。

公都子为楚国人，孟子称他有学业，并有好辩之问，有性善之问，又与孟季子有义内之辩。宋时封爵为平阴伯，清乾隆时改称先贤公都子。

牌位 又称灵牌、灵位、神主、神位等，是指书写逝者姓名、称谓或书写神仙、佛道、祖师、帝王的名号、封号、庙号等内容，以供人们祭奠的木牌。牌位大小形制无定例，一般用木板制作，呈长方形，下设底座，便于立于桌案之上。古往今来，民间广泛使用牌位，用于祭奠已故亲人和神祇、佛道、祖师等活动。

■ 孟庙康熙御碑亭

盆成括复姓盆成，名括。孟子称其"小有才，未闻大道，仕齐见杀"。宋时封爵为莱阳伯，清乾隆时改称为先儒盆成氏。

中龛从祀先儒屋庐连、先儒浩生不害、先贤公孙丑、先儒陈臻和先儒钱唐。

屋庐连复姓屋庐，名连。"尝著书言彭聃之法。后学于孟子，与任人辨礼与食、色之轻重，及论季子储子之交际。"宋时封爵为奉符伯，清乾隆时改称为先儒屋庐氏。

先儒浩生不害为齐国人，"兼治儒墨之道者，尝学于孟子，而不能纯彻性命之理"。宋时封爵为东阿伯，清乾隆时改称为先儒浩生氏。

先贤公孙丑为齐国人，"有政事之才"和"不动心"之问，曾经仰慕管仲的才学，并从师于孟子。宋时封爵为寿光伯，清乾隆时改称为先贤公孙子。

先儒陈臻。齐人，《孟子》中载有他与孟子关于"辞受、去就、收予之礼"等问题。宋时封爵为蓬莱伯，清1756年改称先儒陈氏；

先儒钱唐，字惟明，是浙江象山人。明初任刑部尚书。明太祖朱元璋因《孟子》中有"君之视臣如土芥，则臣视君如寇仇"之句，勃然大怒，议罢孟子配享。并下诏说如果有谁觊觎或上奏折，就以大不敬论

刑部 是我国古代的官署名，明清两代，刑部是作为主管全国的刑罚政令以及审核刑名的机构，与都察院管稽察、大理寺掌重大案件的最后审理和复核，共为"三法司制"。1906年，清光绪皇帝宣布"仿行宪政"，将刑部改称"法部"，刑部被撤销。

处，且命金吾射之。

钱唐抬棺上朝，抗疏入谏说：“臣为孟轲死，死有余荣。”朱元璋被钱唐的真诚所感动，并没有定他的罪，而且还罢废了配享之议，后来在清同治年间附祀于东庑。

北龛从祀的是先儒韩愈和先儒子叔疑。韩愈，字退之，河南河阳人，唐代著名的文学家、哲学家。思想上尊儒排佛，极端推崇孟子，谓孟子“功不在禹下”。因其推尊之功，宋时在正殿的西侧立祀祭奉，其封爵为昌黎伯，清乾隆时改称为先儒韩氏。

先儒子叔疑是孟子的弟子，宋时封爵为承阳伯，清乾隆时改称先儒子叔氏。

西庑3龛，从祀9人。南龛从祀的为先儒季孙氏、桃应和孔道辅。

季孙氏为孟子的弟子，宋时封爵为丰城伯，清乾

■ 孟庙屋脊兽

舜 我国传说中父系氏族社会后期部落联盟领袖。舜，也称虞舜，生于姚地，今河南濮阳，以地取姓氏为姚。姚姓族人是黄帝、舜的后裔。舜帝是中华民族的共同始祖。他不仅是中华道德的创始人之一，而且是华夏文明的重要奠基人。

隆时改称为先儒季孙氏。先儒桃应也为孟子弟子，据说他有"皋陶为士、瞽瞍杀人"之问。宋时封爵为胶水伯，清乾隆时改称为先儒桃氏。

先儒孔道辅，字原鲁，孔子的第四十五代孙。宋景祐年间，知兖州府访得孟子墓在四基山之阳，于是"傍冢为庙"，成为祭祀孟子的开始。同时，他访得孟子的后裔，并荐于朝廷授予官职。乾隆时"部文颁示称先儒，位在唐韩愈之下"。

中龛从祀的是先儒孟仲子、先贤万章和先儒充虞。孟仲子一说是孟子的昆弟，一说为孟子的儿子。宋时封爵为新泰伯，清乾隆时改称先为儒孟氏。

先贤万章为齐国人，孟子的弟子。孟子去齐，"退而与万章之徒，序《诗》《书》，述仲尼之意，作《孟子》七篇。"《孟子》中第五篇即为万章篇。宋时封爵为博兴伯，清乾隆时改称为先贤万子，并在

■ 孟庙孟母殿

邹城西南3000米处建万章之墓。

先儒充虞是孟子的弟子，有"木美之问"和"不豫色之问"，并以孟子以前所言"君子不怨天，不尤人"来慰藉孟子。宋时封爵为昌乐伯，清乾隆时改称为先儒充氏。

北龛从祀的是先儒彭更、先儒徐辟和先儒咸邱蒙。彭更为孟子的弟子，曾问孟子说："后车数十乘，从者数百人，以传食于诸侯，不以泰乎？"

孟子回答说："非其道，则一箪食不可受于人。如其道，则舜受尧之天下，不以为泰，子以为泰乎？"

宋时封爵为雷泽伯，清乾隆时改称为先儒彭氏。

徐辟为孟子弟子。宋时封爵为仙源伯，清乾隆时改称为先儒徐氏。咸邱蒙复姓咸邱，名蒙，齐国的一名隐士，也是孟子的弟子。宋时封爵为须城伯，清乾隆时改称为先儒咸邱氏。

亚圣殿之后为寝殿，有高筑的甬道同亚圣殿后檐台相连接。启圣殿始建于元代，原名为"邾国公祠堂"，是供奉孟子父母的殿堂。

后来到明弘治年间对孟庙修葺时，将殿名改为"寝殿"，成为祭祀孟子夫人田氏的专祠。殿内供奉"亚圣夫人田氏之位"的木制牌位，后又改为展览孟

■ 孟庙"洞槐望月"古柏树

隐士 就是隐居不仕之士。历代都有无数隐居的人，他们才华横溢名声在外，却因为种种原因无意仕途归隐山野。即使有朝廷的诏令，也有很多贤者对此无动于衷，而这些隐士在我国的历史上都留下美名。陶渊明就是最著名的一位。

■ 孟庙启圣殿

子生平事迹的地方。

寝殿为五楹歇山式建筑，高11米，纵深12米，横宽21米。殿前露台之下甬道右侧竖有元代同时镌刻有八思巴文和汉文互相对照的褒崇孟子父母的《皇帝圣旨碑》。

露台和甬道之上有3棵古桧树，相传在北宋年间种植，已经有近千年的历史，但是古桧柏依然青翠翁郁，苗壮茂盛。

启圣殿原名为"邾国公殿"，是供奉孟子父亲启圣邾国公的殿堂。启圣殿位于孟庙的第四进院落东路，启贤门内，亚圣殿左侧。殿为5楹，四周出厦，单檐歇山式建筑。殿高9.97米，东西横宽12米，南北纵深10米。

孟子的父亲名激，字公宜。殿正中的神龛内便安置着冠服七旒七章的孟子父亲塑像，像前木牌位上楷

八思巴文 是元朝忽必烈时期由"国师"八思巴创制的蒙古新字，世称"八思巴蒙古新字"。八思巴文是当时的通用语言，它的创制推广在一定程度上推进了蒙古社会的文明进程。

书"启圣邾国公之位"。

在启圣殿的西侧，碑碣林立，是孟庙各类石碑的存放之处，称为孟庙碑林。碑林保存了孟庙历代碑碣280多通。

从年代上分，有秦、汉、晋、唐、宋、金、元、明、清各代石碑。从字体上分，有篆、隶、行、草、楷书等。从文字种类上分，除汉字外，还有蒙文。

从形式上分，有文言亦有白话，有文字亦有图画。从内容上分，有政治、经济、军事、文化、地震灾害等各方面的记述。

孟庙碑林实为研究我国文字沿革变化和历代政治、经济、军事、文化、社会及书法艺术发展变化提供了珍贵的资料，是我国除西安碑林、曲阜孔庙碑林之外的又一大型碑林。

在这些碑刻中，宋代封赠孟子的《尚书省牒文碑》和《先师邹国公孟子庙记碑》，对研究考证孟子的封赠及孟庙变迁历史是非常珍贵的实物资料。

除碑刻外，还保存了近代从各地陆续收集来的汉代石人、石羊，隋唐的石造像，元代的盘龙高浮雕石柱，明代石棺等，还有100多块汉代墓画像石，有西汉的多线刻、浅雕人物、龙兽，东汉的各类浮雕。

孟母殿位于启圣殿之后，有高筑甬道相通，是供奉孟子母亲的殿堂。该殿原名为"宣献夫人殿"，后来改为了孟母殿。殿高7.8米，东西横宽10.98米，

■孟庙"母教一人"碑

孟庙斋戒门

南北纵深9.53米。

殿内没有塑像，正中神龛内安放一木主牌位，其上楷书"邹国端范宣献夫人之位"。东壁有一神龛，内放孟子的立体石刻像一尊。

据旧县志载，这尊石刻像是宋景祐年间孔道辅修理孟母墓时所刻制的，定名为"孟子自刻为母殉葬石像"。

殿内西侧竖有1749年清乾隆皇帝的致祭碑，后人称誉孟母"三迁之教，炳彪天壤。子之圣即母之圣"。《韩诗外传》载："对孟子之语实天下为人姑者之模范，矧独母教而已哉。"

孟母早在唐代即辟有专祠岁祭，宋代被封为"邾国宣献夫人"，清乾隆年间加封为"邹国端范宣献夫人"。

致严堂位于亚圣殿西侧孟庙第四进院落的西路，穿越致敬门，为一方形过道小院，正北有一门名为"斋戒门"，门内是一座雅静秀丽的小庭院。院内外四周墙壁上镶嵌着50多通碑刻，多为历代名人文士前来孟庙晋谒游览留下的诗词题咏。

斋戒门内的东西两侧，有一雌一雄两株古老巨大的银杏树参天而立，绿荫蔽满整个庭院。西侧有一株古老的紫藤萝旋转曲折，宛如游龙，缠绕着银杏树干，一直伸到树顶，宛如虬龙百折，逶迤起伏，腾空而起。

每到初夏时节，一串串葡萄似的紫藤花盛开，散发出阵阵诱人的清香，别有情趣。初冬时节，则银杏累累，扇形树叶呈米黄色，装扮得庭院古朴幽雅。

院北建有堂三楹，即"致严堂"，取意于"祭则致其严"，即严肃、诚敬之意。堂中悬有1911年孟子第七十三代孙孟庆棠手书的"致严堂"横匾一块。此堂原名"斋宿所"，是孟子嫡系后裔祭祀前沐浴、更衣、斋戒之所。

桃主祠位于亚圣殿之西侧，致严堂之后。亚圣殿西侧有一小门，名为"义路"，可通往桃主祠院。桃主祠是孟氏家庙，确切地说是孟氏远祖之庙，建于1830年。

祠为3楹，高7.45米，东西横宽10.06米，南北纵深8米。祠内安放孟氏大宗户五代以上至二世祖的木制神主牌位。古时卿大夫立庙，祀

孟庙天镇井

至尊的圣地

■ 孟庙的焚帛池

太高祖以下五世，再上，则祧而迁其主。孟氏大宗，以孟子为不祧之主。

祠门上正中悬挂一竖匾，上书"孟氏大宗祧主祠"7字。

焚帛池位于祧主祠之后的一个独立小院内，孟庙寝殿的西侧。院子的东南向开有一小门，与亚圣殿院相通。院的正中建有一座方形垣墙，门向正南，其内正中偏北建有一须弥座的砖台，台上放置一石雕长方形池子，正面刻有楷书"焚帛池"3字。孟氏后裔每次祭祀祖先后，即在此处焚烧祭文。

在焚帛池院的西垣墙上，斜倚着一株古槐，经测量，原树干直径在6米以上。古槐干枯的树皮上又重新生长出新的树干，高大茂盛。

中空的树干形成直径约一米的圆洞，入夜，明月从洞中透出，被称之为"洞槐望月"，颇富古雅

祭文 祭祀或祭奠时表示哀悼或祷祝的文章，体裁有韵文和散文两种。内容主要为哀悼、祷祝、追念死者生前主要经历，颂扬他的品德业绩，寄托哀思，激励生者，是供祭祀时诵读的。它是由古时祝文演变而来，其辞有散文，有韵语，有俪语。

奇趣，成为孟庙的一景。据考证，这颗槐树的年龄要比孟庙的历史还要长。

孟庙古树繁多，是孟庙一大奇观。庙内共有各种树木多达430多株，多为古老的松桧和侧柏，又有银杏、古槐、紫藤等点缀其间。这些树木，冬夏长青，形状特殊别致，如虬如龙，如兽如凤，千奇百怪，姿态各异。

而翱翔栖息于古木中的各类飞鸟，也是孟庙的一景。古木森蔚的孟庙内，各种鸟类群集于此。尤以灰鹤居多，数以千计。

每逢夏季，游览于孟庙之内，观古树云鹤，听松涛轰鸣，闻扑面清香，心旷神怡。

阅读链接

孟子从小丧父，全靠母亲一人日夜纺纱织布，她希望自己的儿子读书上进，早日成才。

一次，孟母看到孟子在跟邻居家的小孩儿打架，孟母觉得这里的环境不好，于是搬家了。

一天，孟母看见孟子学邻居铁匠师父打铁，孟母一想，这里环境还是不好，于是又搬了家。

这次她把家搬到了荒郊野外，一天，孟子看到一个送葬的队伍，就学着用树枝挖开地面，并把一根小树枝当作死人埋了下去。

于是，孟母第三次搬家了。这次的家隔壁是一所学堂，每月夏历初一这个时候，官员到文庙，行礼跪拜，互相礼貌相待，孟子见了之后都学习记住。孟母才满意地将家定在了这个地方。

后来就用"孟母三迁"来表示人应该要接近好的人、事、物，才能学习到好的习惯。

官衙与内宅合一的嫡裔宅第

　　孟府，又称"亚圣府"，位于邹城南关，孟庙的西侧，庙、府仅一街之隔，是孟子嫡系后裔居住的宅第。自从孟子被元文宗孛儿只斤·图帖睦尔封为"邹国亚圣公"之后，孟府开始被称为亚圣府。

　　孟府始建年代不详，据孟庙内保存的《孟氏宗传祖图碑》记载：

■ 邹城孟府建筑

宋仁宗景祐四年，孔道辅守兖州，访亚圣坟于四基山之阳，得其四十五代孙孟宁，用荐于朝，授迪功郎，主邹县簿，奉祀祖庙。迪功新敁宅，坏屋壁乃得所藏家谱。

说明早在北宋年间就已修建了孟府，只是址不详。根据孟府大堂前现存几棵相当古老的桧树，紧同孟庙毗邻的建筑布局来考证，在1121年第三次迁建孟庙于城南的同时，在孟庙的西侧建造了孟府。

孟子嫡系长子在明代前，一直都袭封着邹县的主簿，并开始世袭"翰林院五经博士"，以后从未间断，到了民国改称为"奉祀官"。

"五经博士"和"奉祀官"都是虚职，没有实际权力，却世代相袭，世代显赫，而且经历800多年不衰，形成少见的贵族世家。其主要职责是：看护维修林庙，祭祀先祖，弘扬儒家文化。

孟府建成之后，历经金、元、明、清数次的重修和扩建，形成了后来的规模。庙内古木森蔚，碑碣林立，庙周围有红墙护围，总面积约43000多平方米。

孟府平面呈长方形，南北长226米，东西宽99米，前后共有7进院落，拥有楼、堂、阁、室共计148间，

■ 孟府内景

主簿 是典型的文官，掌典领文书，办理事务，是掌置各级主官属下掌管文书的佐史。明、清太仆、鸿胪二寺及钦天监称主簿，太常、光禄二寺及国子监称典簿，县署则称主簿，都是品阶较低的事务官。

至尊的圣地

邹城孟府的大门

飞檐 多指屋檐特别是屋角的檐部向上翘起，如飞举之势，常用在亭、台、楼、阁、宫殿或庙宇等建筑的屋顶转角处，四角翘伸，形如飞鸟展翅，轻盈活泼，所以也常被称为飞檐翘角。飞檐是我国建筑民族风格的重要表现之一，通过檐部上的这种特殊处理和创造，增添了建筑物向上的动感。

是我国规模宏大、保存完整、较为典型的官衙与内宅合一的古建筑群和封建地主庄园之一。

孟府大门为三楹单启硬山式建筑，当地人们也称为"衙门"。门楣正中悬有匾额，上书"亚圣府"3个大字，黑漆的大门上绘有约两米高的彩绘门神。

大门前东西两侧原各建有一座四柱三门式木坊，名为"旌忠坊"和"旌表节孝坊"。两坊上额正中皆悬挂有"圣旨"两字的竖匾一块，是明熹宗朱由校为表彰孟子第60代孙世袭翰林院五经博士孟承光及其母孔氏、长子孟宏略忠于朝廷所建。

大门正南建有高大的影壁，一对精雕石狮子雄踞于大门左右，门阶两侧有上马乘车用的方形石台一对。大门内东西两侧有一排砖瓦小房，是当年差役和守卫人员居住之处。

穿过大门里面的第一进院落，正北为二门，也叫"礼门"。其建筑格式基本同于大门，但门洞为三启，正中门楣上横书"礼门义路"4字。

六扇黑漆大门的正中两扇彩绘有顶盔披甲的执刀武士，而两侧的四扇则彩绘着执笏的文官形象，显示出孟府一派威严煊赫的气势。

二门之内是一座飞檐彩拱门楼，名为"仪门"。仪门两边不与垣墙连属，类似于遮堂门，木结构，左右仅有圆柱两根，下面石鼓夹抱，上面承托着彩绘大屋顶，前后缀着4个倒垂的木雕花蕾，故又名为"垂花门"。

仪门平时紧闭不启，只有皇帝幸临、宣读圣旨、举行喜庆大典或重大祭祀仪式时，才会在鸣礼炮13响后徐徐开启。这种仪门，在我国古代只有列土封侯的"邦君"才有资格建造，所以又称之为"塞门"。

仪门之后的院中有一片高出院落的方形露台，两侧竖立有精雕的夔龙石栏和青砖花墙围护的丹墀，两株有着数百年树龄的参天古桧，在台前甬道两侧遮天蔽日。

丹墀的东南角设置有"日晷"，西南角设置有"嘉量"，完全仿效皇宫的格式。其后便是五楹出厦的正厅，即孟府的主体建筑"大堂"。孟

木雕 是雕塑的一种，在我国常被称之为"民间工艺"。木雕可以分为立体圆雕、根雕、浮雕三大类。木雕一般选用质地细密坚韧，不易变形的树种，采用自然形态的树根雕刻艺术品则为"树根雕刻"。

■ 邹城孟府启圣殿牌匾

府大堂是孟子嫡裔世袭翰林院五经博士开读诏旨、接待官员、申敕族规家法、处理公务的地方。

　　大堂高大宽敞，堂前檐下正中悬挂着清雍正皇帝手书钦赐孟子第六十五代孙孟衍泰的"七篇贻矩"堂匾，龙边金字，熠熠生辉。门两侧檐下廊柱上，悬挂着隶书金字抱柱楹联：

　　　　　继往开来私淑千年承燕翼；
　　　　　居仁由义渊源百代仰先烈。

　　大堂内正中，设有高出地面的木制暖阁，内设公案。案上摆放着文房四宝、签筒、印合。两边有一副对联：

　　　　　礼门仪路加规矩；
　　　　　智水仁山古画图。

大堂内原还悬挂一副孟子嫡裔、七十代孙孟广均书题的楹联：

传家世守三迁训；
七篇仁义报国常。

暖阁两侧陈列"肃静"、"回避"、伞、扇、旗、锣等各种执事和"世袭翰林院"、"五经博士"等官衔牌，以及黑红棍、皮鞭等刑具。

大堂前东西两侧，是孟府管理祀田、庶务、礼生、乐生、司书、执事等办公机构的场所，大堂前的左右设鼓乐楼为奏乐之处。

在大堂东侧一处独立的小院中，有一处三楹硬山式建筑，是孟氏宗族家祠，称为"五代祠"。祠内悬

■ 邹城孟府赐书楼

五经博士 古代学官名。博士源于战国，秦及汉初，博士的职务主要是掌管图书，通古今以备顾问。汉武帝设五经博士，教授弟子，从此博士成为专门传授儒家经学的学官。到西汉末年，研究五经的学者逐渐增至十四家，所以也称五经十四博士。

挂楹联2幅：

溯懿训於三迁二千载踵出哲嗣；
荐蒸尝於五世亿万祀礼重宗孙。

德借七篇极之昂元云仍元承世泽；
祠分五代序仇高曾祖称近荑馨香。

　　祠内安放孟氏世袭翰林院五经博士五代的木主牌位，再上则被迁放到了孟庙的"桃主祠"内。

　　大堂西侧，有一曲尺形独特建筑，名为"见山堂"，是当时孟氏后裔接待和宴请宾客的场所。与见山堂相对月亮门外，竖着一块玲珑的太湖石，上面刻有清代金石学家阮元和孔子后裔"玉虹楼"主人书法家孔继涑的手书诗词。

■ 邹城孟府讲儒堂

■ 孟府感恩堂

大堂之后便是孟府的内宅，内宅门的外檐木坊上，镂雕有"鲤鱼跳龙门""麒麟送子""鹤鹿同寿"等各种图案，门两侧倒悬着雕花垂珠，工艺相当精美。

内宅一般人不得擅自入内，为加强防范，门前辟有一条幽径，左右两侧各有一角门，名为更道，是当年为内宅巡逻的更夫行走的通道。

内宅的第一进院落是上房院，又名"世恩堂院"，是孟子嫡裔翰林博士居住处。世恩堂是一座典型的中国四合院建筑，院北是雕梁画栋、彩绘华丽、明三暗五、前后都有回廊的正厅，即"世恩堂"。

明间正上方悬挂有"世恩堂"的楷书巨匾，相传为清代著名书法家铁保所书。堂内陈列着古玩字画、床榻橱柜等。正壁上有孟子嫡裔、七十三代孙孟庆棠

镂雕 亦称镂空、透雕。指在木、石、象牙、玉、陶瓷体等可以用来雕刻的材料上透雕出各种图案、花纹的一种技法。距今5000年前的新石器时代晚期，陶器上已有透雕圆孔为饰。汉代到魏晋时期的各式陶瓷香熏都有透雕纹饰。清乾隆时烧成镂空转心、转颈及镂空套瓶等作品，使这类工艺的水平达到了顶峰。

邹城孟府习儒馆

书题对联一副：

锦世泽莫如为善；
振家声还是读书。

两次间以雕花菱龙及格扇门相隔，两稍间为硬夹山，有房门通连。堂内陈设古木家具、橱、柜、八仙桌、太师椅，雕花顶子床，壁上挂有蟠桃祝寿及王景禧等名人字画。案几上陈列有玉器、古玩等。

世恩堂后为赐书楼，是存放皇帝钦赐的墨宝、圣旨、诰封、古籍文献和家族档案的地方。两层楼房，每层3间，前后出厦，硬山式，典型的明代建筑。

上层前后对开三对较小楼窗，木制楼梯设于西山墙处，扶手栏杆古朴典雅。为了防火，木质楼板之上又加铺一层方砖。上层正中曾悬挂清代吴企宽所书篆体"赐书楼"横匾一块。

太师椅 起源于宋朝，是我国历史上唯一以官衔命名的椅子。宋朝时期的京官为了送给太师椅子坐，就特意在交椅背上加了一个荷叶托着，因此叫作"太师椅"，顾名思义，就是官居太师的人才有资格坐，清中期之后开始普及。

缘绿楼位于孟府第六进院落，为两层小楼，每层各5间。缘绿楼与赐书楼后的小四合院，都是孟氏嫡裔亚圣奉祀官的前五代近族居住处。楼正中的明间南北直对孟府的大门，是孟府第七进院落的中轴线。

前学和后学位于缘绿楼的西侧，是两组古老的四合院建筑。清道光年间，孟子第七十代裔孙世袭翰林院五经博士孟广均曾在"前学"和"后学"办学招收孟氏后裔子弟学习，称"三迁书院"。后"两学"逐渐荒废，孟府最后是孟府花园。

孟府内现还保存着封建帝王所赐的朝服、龙袍、圣旨、诰封、家族档案、印书木版、古书字画等大量珍贵文物，是研究封建社会政治、经济和地方历史的宝贵资料。

孟林是孟子及其后裔的墓地，孟林前有神道，道中有一单孔石桥，桥旁立一石碑，上书"亚圣林"，

诰封 就是诰命封赏。在明清之际，对文武官员及其先代妻室赠予爵位名号时，皇帝命令有诰命与敕命之分，五品以上授诰命，称诰封，六品以下授敕命，称敕封。诰命与敕命形如画卷，轴端一品用玉，二品用犀，三品与四品用裹金，五品以下用角。

■ 孟府养生堂

■ 邹城孟府院落

是书法家欧阳中石所书写的。

过桥石叠甬道直通享殿的大门，享殿为孟林的主体建筑，殿内存石碑8通，记载了孟林的创建和扩置情况。享殿后为孟子墓，墓前有清道光年间立的"亚圣孟子墓"碑，碑前有石供案和石香炉。

孟子墓西北有3座古冢，相传为鲁国孟孙、季孙、叔孙之墓。孟林内现有柏树、桧树、柞树、榆树、楸树、槐树、枫树、楷树等各类树木上万棵，多为宋、金、元、明、清各代所栽植，异常珍贵。

阅读链接

在历史上，有很长一段时间人们都不知道孟子死后究竟埋葬在什么地方。直至1037年，北宋景祐年间的兖州知府，也就是孔子的第四十五代子孙孔道辅寻访到孟子的墓地。

孔道辅仔细分析了孟子的晚年生活范围，最终确定孟子居住在邹县，并终老于这里。

经过多次的探查和走访，最后确认在四基山，并且上书报告给朝廷。皇帝因此而表扬孔道辅办了一件大好事，并开始大兴土木。经过900多年的不断修葺和扩建，孟林的林地不断扩大，庙堂也不断增修，逐渐形成现有的规模。